本书为山东省社科规划一般项目"山东省自贸区建设与港口发展的策略互动研究"(20CJJJ26);青岛农业大学高层次人才科研基金项目(1119706)的成果。

中国水产品出口结构分解及动力研究

任肖嫦 王 圣 著

中国海洋大学出版社

·青岛·

图书在版编目(CIP)数据

中国水产品出口结构分解及动力研究 / 任肖嫦,王圣著. —青岛:中国海洋大学出版社,2020.11

ISBN 978-7-5670-2655-1

Ⅰ.①中… Ⅱ.①任…②王… Ⅲ.①水产品—出口贸易—研究—中国 Ⅳ.①F752.652.6

中国版本图书馆 CIP 数据核字(2020)第 228857 号

出版发行	中国海洋大学出版社		
社　　址	青岛市香港东路 23 号	**邮政编码**	266071
出 版 人	杨立敏		
网　　址	http://pub.ouc.edu.cn		
电子信箱	whs0532@126.com		
订购电话	0532—82032573(传真)		
责任编辑	邓志科　施薇	**电　　话**	0532—85901040
印　　制	日照报业印刷有限公司		
版　　次	2021 年 4 月第 1 版		
印　　次	2021 年 4 月第 1 次印刷		
成品尺寸	170 mm×230 mm		
印　　张	12.25		
字　　数	227 千		
印　　数	1~1000		
定　　价	39.00 元		

发现印装质量问题,请致电 0633—8221365,由印刷厂负责调换。

前　言

　　近年来,作为世界农产品贸易重要门类的水产品在 2000 年超越谷类贸易总额后,一直保持着较快的增长速度。我国水产品增长更是活力十足,远超世界同期增长率,自 2002 年取代泰国成为水产品第一出口大国之后,一直以绝对的优势雄踞榜首。同时,我国水产品出口在农产品出口结构中也一直领先其他农产品,成为中国农产品中为数不多的历年实现贸易顺差的品类之一。

　　与出口增长强劲势头形成鲜明对比的是,增长过程中出现了某些年份出口波动较大、增长不稳定、出口市场过于集中、种类单一、出口遭遇技术壁垒等行业内部问题,还面临着全球经济受次贷危机和欧债危机影响而陷入持续衰退的外部环境挑战。这就迫使中国水产品行业必须要积极面对困难和挑战,主动转换行业发展模式,实现产业结构调整,提高行业全要素生产率。将贸易发展的重点放在培育"新业态新模式"上来,积极拓展与"一带一路"沿线国家水产品贸易,实现互惠双赢。

　　传统国际贸易理论由于其历史局限性以及某些过于理想和严苛的假设,已经不能有效地解释当今国际贸易发展中出现的种种现象和问题,新新贸易理论为水产品出口增长问题提供了新的研究视角。本书在描述中国水产品出口现状的基础上,运用恒定市场份额(CMS)模型对中国水产品出口增长结构进行了剖析;然后对中国水产品出口二元边际进行结构分解以总结其时序和截面特征;继而采用核密度估计方法分析了中国水产品出口二元边际的动态分布演进,评估了不同边际及其组合的拟合效果;最后识别并实证检验了各边际影响因素,有针对性地提出了出口提升建议。

　　笔者经过研究,可以得到以下结论。

　　第一,我国水产品出口稳步增长,增长率波动起伏。出口市场集中且贸易伙伴及份额较稳定;鲜活冷藏冻鱼出口占据绝对优势;CMS 结果显示增长效应发挥主要作用,市场结构效应多为负值,说明出口市场布局有待优化。

　　第二,我国水产品出口世界和 21 个国家或地区的贸易增长主要依靠的是集约边际。其中,出口到世界和发展中国家更多地依赖数量边际;出口到日本、美国、欧盟等发达国家集约边际的主要贡献者没有共同规律;价格边际的变化趋势表明,我国水产品贸易条件不断改善,国际贸易地位不断提升。

第三,价格—数量边际联合作用对我国水产品出口市场份额的变动起到关键性作用。2000～2016年间的核密度估计结果显示:我国水产品出口的市场份额和价格边际不断增加,数量边际在经历了迅速增加后趋于稳定,扩展边际相对比较稳定。进一步印证了"中国水产品出口世界和21个国家或地区的贸易增长主要依靠的是集约边际"的结论。

第四,集约边际主要影响因素如下。出口目的地国家的经济规模,可变贸易成本,生产率水平,技术性贸易壁垒,外部冲击和自由贸易协定。实证结果表明,经济规模、生产率水平和自贸协定对其产生正向影响,剩下的其他因素影响为负。

第五,扩展边际主要影响因素。有出口目的地国家的经济规模,可变贸易成本,固定贸易成本,工人工资水平,技术性贸易壁垒,外部冲击和自由贸易协定。实证结果表明,经济规模和技术性贸易壁垒影响为正,其他因素对之产生负向影响。

第六,贸易便利化对发展中国家水产品出口二元边际的影响。其明显高于对发达国家的影响,由于发达国家实施贸易便利化改进的时间较长,发展也更为成熟,因此,这可能意味着贸易便利化对水产品出口二元边际的促进作用存在边际递减的现象。

针对上述研究结论,提出了新时期中国水产品出口提升建议。

(1)从提升扩展边际地位方面:要拓展新兴市场,优化出口市场布局;加大新产品研发,优化出口商品结构;发展新型贸易方式,创新水产品贸易业态和模式。

(2)从提高集约边际质量方面:要提高水产品技术含量和产品附加值;树立品牌意识,组建区域性企业联盟。

(3)从降低贸易成本方面:提出加快水产品贸易平台,水产品国际营销网络以及水产品外贸转型升级示范基地建设的建议。此外,还要建立水产品贸易摩擦预警机制,降低贸易摩擦风险,以及抓住供给侧改革契机,促进渔业生产新旧动能转换等建议。

目　录

0 导论

0.1 研究背景及意义

0.1.1 研究背景

作为农产品贸易重要门类的世界水产品贸易额增长速度极快,统计显示,在 2000 年首次超越小麦、玉米、大米等谷类贸易总额,成为农产品贸易中最主要的类别。出口增长速度方面,我国远高于世界同期值。2016 年,水产品出口额达到了 203.3 亿美元,相比 2000 年增长了近 5 倍,占全球比例也由 2000 年的 7.41%增长到 2016 年的 17.01%。同时,在中国农产品出口结构中,水产品十几年来一直稳居首位,2016 年其占比已达到 28.2%。由此可见它的重要贸易地位。与出口增长迅速形成鲜明对比的是,在增长过程中出现了诸如某些年份出口额波动较大、增长不稳定的趋势,以及目标市场过于集中、产品种类比较单一、出口遭遇技术壁垒等问题。出现这些问题的原因来自多方面,既有中国水产业自身的内部原因,如产业结构不尽合理、处于价值链低端、贸易模式单一、产品缺乏竞争优势等,也有全球和区域经济环境的外部影响,如 2008 年美国次贷危机和 2010 年欧洲主权债务危机引发的全球经济危机这类全球性外部经济影响,也有 2012 年"钓鱼岛事件"和 2016 年"萨德事件"这样的局部性外部经济影响,它们都直接或者间接地影响着中国的水产品出口。

机遇与挑战并存,随着全球经济的逐渐复苏,作为经济增长"发动机"的国际贸易率先企稳回暖,特别是自 2013 年中国提出"一带一路"倡议以来,与沿线 80 多个国家和国际组织签署了合作文件,国家间的联通和经贸关系都有了巨大的改善。我国与"一带一路"国家的贸易获得了快速的发展,多边和双边水产品贸易额增长显著,真正实现了互惠双赢的正和博弈。2017 年 10 月 18 日,习近平同志在中国共产党第十九次全国代表大会报告中提出要"拓展对外贸易,培育贸易新业态新模式,推动贸易强国建设,形成全面开放的新格局"更是带来了新的要求和更多的发展机遇。

0.1.2　研究意义

本研究在把握中国水产品出口现状的前提下,从二元边际角度探讨我国水产品出口的特征及其动态分布演进过程,定量分析影响其出口二元边际的若干因素以寻求增长路径。将二元边际分析工具运用于出口贸易研究,为增长路径和影响因素分析提供了全新的视角;另一方面,通过我国水产品出口二元边际结构分解可以更好地把握二元边际的变化特征,以二元边际为抓手为今后水产品贸易政策的制定提供切实的依据。

在理论意义方面,已有的文献对水产品贸易的理论研究多集中于竞争力、比较优势、贸易互补性以及非关税壁垒等方面,鲜有从二元边际视角来研究的文献。我们通过对我国水产品出口二元边际进行结构分解,进而分析各影响因素对集约边际及扩展边际的影响,找出适合其增长的路径。二元边际视角贯穿于本书的始终,是对水产品贸易理论研究的丰富和发展,具有一定的理论价值。

在现实意义方面,定量分析我国水产品出口增长路径及影响因素,把握其动态分布演进,可以有效开展我国水产品贸易的跟踪监测,判断其增长后劲,对于相关贸易政策的制定也起到指导性作用。在研究中提出,我国水产品出口增长是更多地依赖出口种类的增加和新市场的拓展还是得益于原有出口种类的更多贸易量? 是更依赖价格边际还是更多地依靠数量边际实现增长? 影响二元边际的宏观和微观因素有哪些? 这些因素是同时影响二者还是只对其中一个起作用?

以上问题都能通过我国水产品出口增长的二元边际研究得到解答。它不仅有助于深刻理解我国水产品出口变化的内在结构,为衡量我国水产品市场开放程度和贸易自由化水平提供佐证,而且可以从新的视角理解我国水产品参与国际分工与国际贸易的模式,对提升其出口增长具有现实指导意义。此外,由于二元边际在一定程度上反映了产业结构和出口结构的某些特征,在我国经济全面步入新常态的宏观背景下,通过有效调整二元边际可以更好地实现"新旧动能转换"以及供给侧改革等战略目标。因此,本研究具有较强的现实意义。

0.2　主要内容及重点难点

0.2.1　主要研究内容

本书在二元边际分析框架下研究中国水产品出口增长问题。在描述出口现状的基础上,运用 CMS 模型对其出口增长特征进行剖析,初步得到我国水产品出口的现实特征。在对二元边际进行结构分解基础上,总结我国水产品出口到世界以及 21 个研究对象的二元边际时序特征和横截面特征,继而采用核密度估计方法分析其出口二元边际的动态分布演进,并对不同边际及其组合的拟合效果进行评估,对二元边际的作用机制进行分析。最后对各个边际的影响因素进行测算和实证分析,在此基础上,有针对性地提出新时期出口提升建议。

全书总共包含 10 章:

第 0 章,导论。主要介绍研究的背景和意义,提出研究内容和重难点、研究方法、思路和创新点。另外,对水产品、二元边际等相关概念进行了界定。

第 1 章,研究综述与相关理论概述。首先,从水产品出口贸易、二元边际内涵及对贸易增长的贡献度、二元边际影响因素等角度对相关研究成果进行梳理和归纳,作出相关文献综述;然后,从贸易理论沿革角度对相关理论进行概述,为本书奠定理论基础。

第 2 章,中国水产品出口增长现实特征。首先,从出口规模、商品结构和市场结构三方面描述出口现状;然后,运用 CMS 模型对其出口增长特征进行剖析,以便初步了解中国水产品出口现状和特点。

第 3 章,中国水产品出口二元边际结构分解。本部分基于简单计数法和 Feenstra 指数扩展分解法对 2000～2016 年中国水产品出口世界及 21 个国家或地区的二元边际进行分解,进而总结其时序特征以把握演变趋势;基于 HK 指数分解法进行剖析,总结其横截面特征以把握其结构组成及国别差异。是本书的一个主要内容,也是后面讨论二元边际动态分布演进和进行影响因素实证分析的前提。

第 4 章,中国水产品出口二元边际的动态分布演进。采用核密度估计方法分析二元边际动态分布演进以求全面把握二元边际的整体发展趋势和分布特征;然后对不同边际及其组合的拟合效果进行评估。

第5章,中国水产品出口二元边际作用机制分析。首先,整理中国水产品出口增长的特征因素;然后,将水产品的二元边际与这些因素建立联系;最后,通过面板向量自回归(PVAR)模型检验中国水产品出口二元边际的作用机制。

第6章,中国水产品出口二元边际的影响因素分析。在对二元边际影响因素进行指标构建和测算的基础上,使用(STATA13.0)软件对2000~2016年19个国家的面板数据进行实证检验。

第7章,贸易便利化对水产品出口二元边际影响的空间效应。首先,整理了已有文献中对贸易便利化水平的测度方法;然后,通过对比分析构建了贸易便利化评价指标体系;最后,利用空间计量模型分析了贸易便利化水平对水产品出口二元边际的空间溢出效应。

第8章,基于二元边际的中国水产品出口增长提升建议。针对前几章研究结论以及"形成全面开放的贸易新格局"要求,提出新时期基于二元边际的中国水产品出口增长的提升建议。

第9章,结论。这一章简明扼要地对每一章研究结果进行一个概括总结。

0.2.2 研究重点难点

0.2.2.1 研究重点

(一)中国水产品出口二元边际结构分解

运用简单计数法、Feenstra指数扩展分解法和HK(Hummels & Klenow, 2010)指数分解法对中国水产品出口世界以及21个国家或地区的二元边际进行分解,根据分解结果总结其时序特征和横截面特征。其中,时序特征反映的是报告期与基期相比中国水产品出口增长结构特点,它衡量的是绝对值的变化;横截面特征反映的是我国对世界以及21个贸易伙伴水产品出口增长结构组成,它是一个相对值。

(二)中国水产品出口二元边际动态分布演进

采用核密度估计方法分析其动态分布演进;然后运用SPSS19.0软件对拟合和实际两种分布状态进行K-S(Kolmogorov-Smirnov)检验,以实现不同边际及其组合拟合效果的评估。

(三)中国水产品出口二元边际影响因素指标构建

依据Chaney(2008)多边非对称异质性企业贸易引力模型识别二元边际的

影响因素,从理论上分析它们的预期影响,然后针对水产品出口特征寻找特殊因素,为实证检验做好准备工作。

0.2.2.2 研究难点

(一)中国水产品出口世界和21个国家或地区的集约边际、扩展边际、价格边际和数量边际的测算

由于水产品统计口径与以往研究不同,涵盖了296种6位HS(Harmonized System)商品编码下的水产品,计算各个边际过程中涉及2000~2016年的17年中21个国家或地区以及世界与中国的各个6位编码下的商品的进出口数量和价值,数据的统计工作量繁杂,中间统计过程还需用到VB编程语言。价格边际和数量边际的计算还涉及价格指数和数量指数的加权计算,公式复杂,计算过程烦琐,对数据收集、处理和统计方面要求比较高。

(二)中国水产品出口二元边际不同边际组合的拟合评估

运用SPSS19.0软件对模拟分布和实际分布进行Kolmogorov-Smirnov检验来评估不同边际组合拟合效果时,评估时间段的选择直接决定了检验的成败。如何恰当合理地选择评估区间是研究的一个难点。

(三)中国水产品出口二元边际影响因素指标构建和测度

根据Chaney(2008)引力模型可以识别一般影响因素,它们各自的预期影响也可以通过理论分析推导获得,但是影响因素的衡量方法复杂多样,如何选择合理的测算方法量化各个指标以及如何选取并测度针对水产品出口增长的特殊影响因素也是研究的又一个难点。

0.3 研究方法及思路

0.3.1 研究方法

0.3.1.1 理论分析与实证分析

研究的核心部分是我国水产品出口二元边际的结构分解和影响因素实证分析,主要进行理论模型建立和运用数据实证分析两方面工作。在研究每一个问题时,始终遵循如下原则:按理论分析的要求,说明应该是什么;同时,运用具体数据进行实证分析,证明是什么。

0.3.1.2 文献检索与分析归纳

根据水产品贸易以及二元边际相关文献,梳理并总结理论发展的时代特征,结合我国水产品出口现有情况,分析归纳影响二元边际的现实因素,并为二元边际的影响机制寻找理论依据。

0.3.1.3 纵向分析与横向比较

在对我国水产品出口二元边际进行结构分解时,运用简单计数法和 Feenstra 指数扩展分解法分析时序特征,运用 HK 指数分解法阐释截面特征,做到从时序变化层面的纵向分析和关注结构组成及个体差异的横向比较相结合。

0.3.1.4 定性分析与定量分析

运用经济学相关理论对出口增长问题进行定性分析,揭示出口发展变化的内在规律;运用 EVIEWS、SPSS、STATA 等计量软件,建立相应经济测度指标和计量模型,对二元边际动态分布演进、影响机制以及影响因素进行定量分析。

0.3.2 研究思路及技术路线

在二元边际分析框架下研究了我国水产品出口增长问题。首先,在描述出口现状的基础上,运用 CMS 模型对其出口增长特征进行了剖析;其次,对其二元边际进行结构分解以总结其时序和截面特征;再次,采用核密度估计方法分析我国水产品出口二元边际的动态分布演进,评估不同边际及其组合的拟合效果;最后,识别并实证分析各个边际的影响因素,有针对性地提出新时期出口提升建议。按照这样的研究思路,本书的技术路线如图 0-1 所示。

0.4 研究创新点

基于二元边际视角对中国水产品出口增长问题进行研究。系统地考察了我国水产品出口世界及 21 个主要贸易伙伴的集约边际和扩展边际的时序及横截面特征,测算了 2000~2016 年的数量边际和价格边际,分析了各个边际的动态分布演进,评估了不同边际及其组合的拟合效果,识别了各个边际的影响因素,以期为我国水产品贸易争取更有利的国际分工地位,实现可持续发展提供战略性建议。创新点主要表现在以下四个方面。

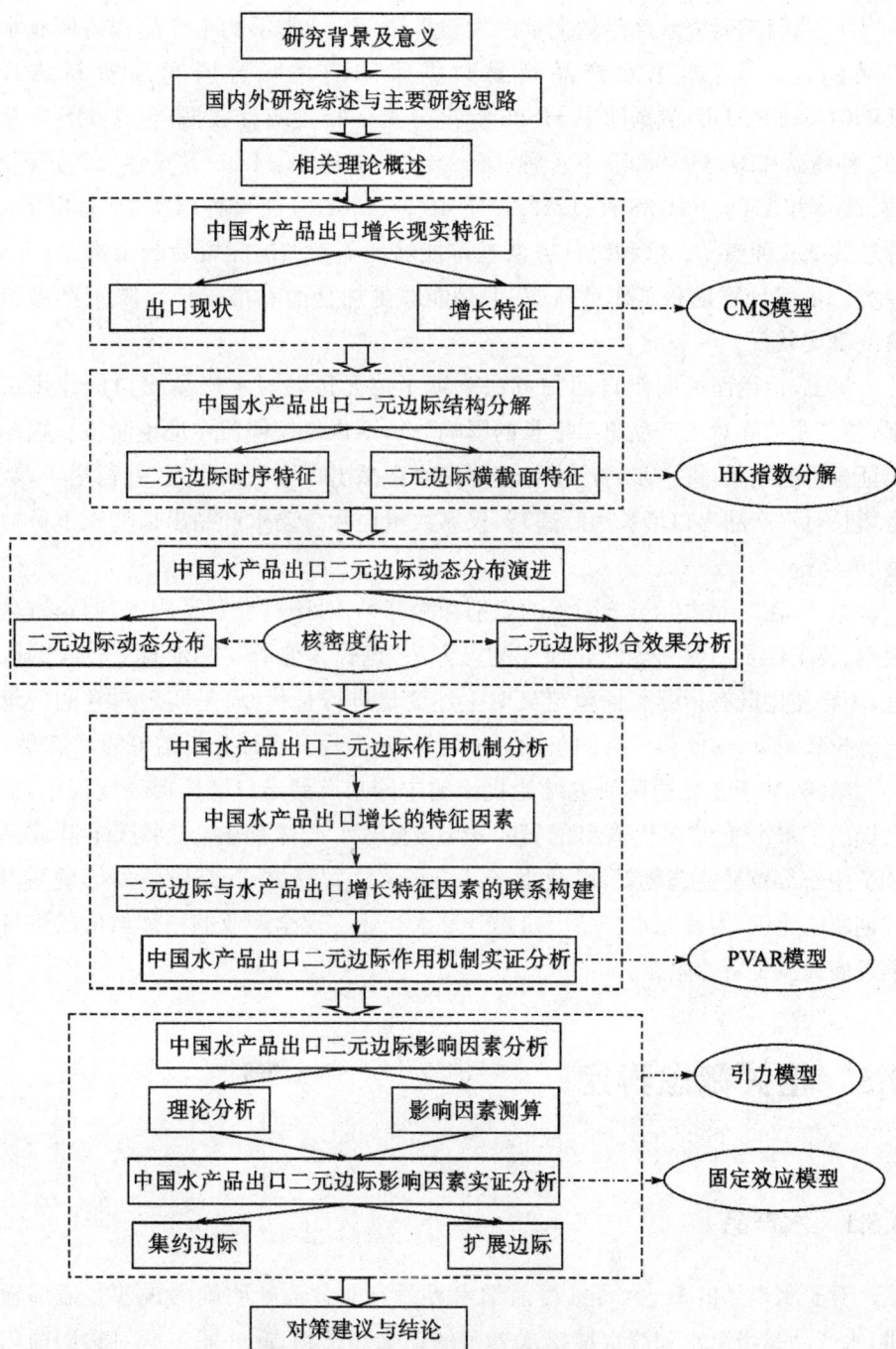

图 0-1 研究思路及技术路线图

第一，目前研究水产品的文献中大多采用 HS03 类下的水产品作为所有水产品的代名词，本书水产品贸易数据采用的是联合国商品贸易统计(UNCOMTRADE)数据库中 HS96 标准分类下相关统计数据，包含 HS03 章222 种商品和编码 0508.00 下 4 种、0509.00 下 1 种、0511.91 下 6 种、1504 下 3种、1604 和 1605 下共 38 种、1212.20 下 18 种、1302.31 下 2 种以及 2301.20 下 2种总共 296 种商品。这种统计方法基本能够涵盖参加国际贸易的全部水产品种类。虽然计算量和工作量骤增，但是能够更加全面和准确地反映水产品贸易的真实状况。

第二，运用面板向量自回归方法验证了二元边际对水产品出口的作用机制，使二元边际对水产品出口增长的影响分析不再仅仅停留在理论阶段。根据实证分析的结果，进一步讨论了各边际对水产品出口增长的作用，并得出了"数量增长对水产品出口增长边际递减，仅靠数量边际拉动水产品出口增长不可持续"的结论。

第三，在二元边际影响因素的识别和测算中，对于可变贸易成本、固定贸易成本、技术性贸易壁垒等的处理和测算方法，也较其他研究文献有了较大的改进，不再使用既有指标和抽象定义对上述变量进行替代，而是实现对它们的量化分析和测算，这使得分析的基础更加可靠，从而提升实证分析结果的可信度。

第四，基于二元边际研究结论提出的中国水产品出口增长提升建议中，首次提出了水产美食文化输出的贸易模式创新，水产体验中心、水产半制成品DIY 中心等贸易业态创新，以及水产品市场采购贸易方式、跨境电商等贸易方式创新的建议，为我国水产品出口提升及水产业实现全产业链整体增值的可持续发展提供了新的思路。

0.5　相关概念界定

0.5.1　水产品

对于水产品的概念界定，目前学术界没有非常清晰明确的说法。通俗地讲，水产品是指海水和淡水捕捞或养殖的动物和植物，此外还包含对它们简单加工或深加工后的产品。世界贸易组织(WTO)在《农业协议》中对水产品的概念进行了解释,但这种定义是从统计的角度出发,对水产品的种类和包含的范围做出了明确的界定,界定的方法在很大程度上参考了各国海关部门相关渔业出口产品的分类标准。此外,联合国粮农组织(FAO)公布的水产品生产与贸易数据库将水产品贸易分为十个大类,与 WTO 的定义相似,粮农组织的定义也是注重水产品的外延特征,并未对其内涵进行抽象定义。

产品口径一直是水产品研究首要明确的问题,目前比较流行的分类标准主要有四类。

0.5.1.1 《商品名称及编码协调制度》

《商品名称及编码协调制度》简称 HS,是 1983 年 6 月海关合作理事会(2000 年更名为"世界海关组织")对全部贸易商品制定的分类编码体系,于 1988 年正式实施,采用 6 位数编码,修订周期为四年。

该体系分为类、章、目和子目四个层次,主要为行政部门的统计和管理职能提供支持。同时,各主要贸易主体的统计口径也多以此为依据。如 051191 编码的商品名称为"Fish,shellfish and crustaceans(non-food)"(鱼类、贝类和甲壳类动物(非食品))。目前全球已有 200 多个国家、地区使用 HS,世界贸易总量的 90%以上的货物都以 HS 分类,它已然成为国际贸易的一种标准语言。

0.5.1.2 《国际贸易标准分类》

《国际贸易标准分类》肇始于"二战"之后,随着贸易规模的扩大,出于对统计分析的要求,联合国统计委员会在《国际贸易统计商品名录》的基础上进行修订,并于 1950 年形成了该分类的雏形。

SITC 的分类依据主要从加工程度出发,采用 5 位数编码,将 2652 个基本编号分为类、章、组、目四个层次,目前该标准已经更新到了第四版。如 03412 编码下的商品名称为"salmonidae,fresh or chilled(excluding livers and roes)"(鲑鱼,生鲜或冷藏(肝及卵除外))。

我国进出口税则从 1992 年 1 月 1 日起采用的十位编码制度是基于 HS 分类原则,所以 SITC 在中国较少被使用。

0.5.1.3 《国际水生动植物标准统计分类》

《国际水生动植物标准统计分类》(ISSCAAP)是由联合国粮食及农业组织(FAO)编制的水生动植物国际标准分类目录。它将水生动植物按照分类学、生态学和经济特点,分为九大类和 50 个组,用于捕捞和养殖渔业统计数据的收集,主要用于生产统计。

0.5.1.4 《渔业商品国际标准统计分类》

《渔业商品国际标准统计分类》(ISSCFC)也是由 FAO 制定的用于收集渔业商品统计数据的标准分类,这种分类标准下的产品范围包含了所有水产品,采用八位数编码,主要用于贸易统计,是 SITC 的扩展和延伸,也是这四种分类标准中水产品目录最全的标准。

后两类虽然水产品范围更加全面和准确,但是由于数据可获得性原因,贸易研究中很少用到。前两类在目前贸易统计分析中被大量使用,本书所有水产品贸易数据采用的是联合国商品贸易统计(UNCOMTRADE 数据库)中 HS96 标准分类下相关统计数据,包含 HS03 章 222 种商品和编码 0508.00 下 4 种、0509.00 下 1 种、0511.91 下 6 种、1504 下 3 种、1604 和 1605 下共 38 种、1212.20 下 18 种、1302.31 下 2 种以及 2301.20 下 2 种,总共 296 种商品。这种统计方法基本能够涵盖参加国际贸易的全部水产品种类。

0.5.2 二元边际

到目前为止,对二元边际内涵的界定仍然没有一致的标准,相关研究主要从以下三个层面对其进行不同界定。

0.5.2.1 从产品角度

集约边际描述数量的变化,可以将这种变化理解为不带方向性的标量,如果将整个出口行为用多维坐标系来表述的话,集约边际描述的就是只在数量这一维度上发生变化的情形,其他的维度则可以包括种类、出口目的地等。相对集约边际,扩展边际并不考虑数量的变化问题,而是关注贸易矢量的方向,即出口种类的变化,出口目的地的变化,或者两者结合的情况。

0.5.2.2 从企业角度

集约边际衡量的是在同一维度(相同企业、相同市场)上企业出口额的变化。企业角度下的集约边际是产品视角向宏观层面的提升,可以将企业看作是由若干不同的出口产品单元组成的集合,每个企业则是全部出口产品下的一个子集。集约边际描述的是子集中各个元素与价格向量乘积的变化,而该视角下的扩展边际描述的是子集个数的变化。

0.5.2.3 从国家角度

集约边际指已存在的双边贸易关系的出口增长,在该视角下,产品角度的集约边际已经扩展到了宏观层面,但本质上仍是由产品单元构成的一个更大的子集,只是此时子集的概念为国家,因此扩展边际的变化意味着贸易伙伴国数量的变化。

　　综上,从三个层面界定了二元边际,在实际的研究中,从产品角度分析的视角使用较为广泛,本书的研究也基于产品视角进行分析。

1 研究综述与相关理论概述

1.1 研究综述

1.1.1 水产品出口贸易研究综述

目前已有文献对水产品贸易的研究视角广泛,内容丰富。对于水产品出口贸易的研究,可以分别从传统视角和新新贸易理论视角展开。

1.1.1.1 从传统视角出发

主要从产品结构、市场结构、规模和竞争力等方面进行分析[1],结果发现:我国水产品由于企业规模小、企业间无序竞争导致的恶性循环以及企业品牌战略意识不足,一直处于水产品国际贸易的低端地位[2];水产品出口市场布局过于集中,增加了竞争中的不利因素扰动[3]。随着国际贸易研究方法和工具越来越多地运用到我国水产品贸易研究中,水产品贸易的细节特征被发现。部分学者运用 CMS 模型分析后发现:竞争力效应在我国水产品出口增长中占据着主导地位,但近年来显示出对提升竞争力的贡献率逐年下降的趋势[4],结构效应作用越来越突出,市场规模效应发挥着正向作用。但如果基于国别分析,竞争力并非是水产品出口增长的决定性因素,例如,中国对日本水产品出口增长的主导因素是结构效应[5]。除了对我国水产品出口世界的分析和研究之外,很多学者偏

---

① 黄远浙,钟昌标,张梦婷. 水产品出口贸易研究综述[J]. 阆江学刊,2015(6):58-63.
② 张玫,霍增辉,易法海. 世界水产品贸易的特征及对我国的启示[J]. 国际贸易问题,2007(6):34-38.
③ 邵桂兰,程云. 对中国水产品出口的几点思考[J]. 国际贸易问题,2005(8):31-34.
④ 周井娟,林坚. 中国水产品出口增长的源泉分析[J]. 国际贸易问题,2008(9):14-18.
⑤ 耿晔强. 中国对日本水产品出口的动态增长:基于 CMS 模型的实证分析[J]. 中国农村经济,2010(7):19-27.

向于研究双边及多边的水产品贸易,如东盟①、欧盟②、俄罗斯③、日本④、韩国⑤、美国⑥都成为研究的目标国家和区域。出口水产品的具体品种,如虾类⑦、贝藻类⑧、鱼类⑨等也作为独立个体被用于研究,得出了针对具体行业和具体品种的贸易分析结果,给这些种类和行业的出口提供了宝贵的参考。

对于贸易的研究也辐射到生产分布方面。例如,有学者通过研究得出养殖是未来水产品产量提高的主要途径,养殖水产品将会成为水产品出口的主角的结论⑩。关于水产品出口贸易增长的影响因素,主要从宏观和微观两个研究角度进行总结分析。宏观因素包含经济规模、地理区位、人口数量、汇率变动、关税及技术壁垒等方面⑪,微观因素囊括个体主观和客观因素,具体有消费种类、偏好、价格、食品安全性、收入等⑫。主要研究落脚点集中在关税和技术壁垒方面⑬,研究的结论多为关税和技术壁垒等非关税措施对水产品贸易的抑制作用等⑭⑮。

1.1.1.2　新新贸易理论

新新贸易理论自 2003 年被明确定义以来,"异质性企业"和"二元边际"就成为它的标签被广泛应用于贸易增长问题研究。2008 年以前的研究多见于国

① 董永虹,汪浩瀚,单佳平. 发展中国与东盟水产品贸易研究[J]. 农业经济与管理,2007(1):17-21.
② 杨莲娜. 中国水产品对欧盟出口波动影响因素分析[J]. 农业经济问题,2011,32(6):103-109.
③ 李超. 中俄水产品贸易的影响因素研究[D]. 哈尔滨:东北林业大学,2015.
④ 刘依阳,孙琛. 中国对日本水产品出口贸易波动因素分析[J]. 黑龙江农业科学,2011(10):60-64.
⑤ 邢程程,张广胜. 中韩 FTA 对我国对韩水产品出口贸易流量的影响——基于贸易引力模型的模拟分析[J]. 农业经济,2010(6):85-87.
⑥ 侯敏. 中美水产品比较优势与贸易互补性分析[J]. 中国海洋大学学报(社会科学版),2013(4):18-25.
⑦ 段媛媛. 中国虾产品国际贸易结构和竞争力研究[D]. 青岛:中国海洋大学,2009.
⑧ 于千钧,慕永通,刘希全,等. 中国海水贝类进出口贸易变动趋势研究[J]. 中国渔业经济,2014,32(6):88-95.
⑨ 孙琛,张黄花. 中国冻鱼片出口欧盟市场影响因素的实证分析[J]. 农业技术经济,2010(8):123-127.
⑩ 张玫,霍增辉,易法海. 中国水产品出口贸易结构的现状及其优化对策[J]. 世界农业,2006(11):34-36.
⑪ 耿献辉,张晓宵,卢凌霄. 我国水产品出口影响因素与潜力分析[J]. 农业经济与管理,2012(6):65-70.
⑫ 胡求光,霍学喜. 中国水产品出口贸易影响因素与发展潜力——基于引力模型的分析[J]. 农业技术经济,2008(3):100-105.
⑬ 于会国,慕永通,余云军. 中国主要出口水产品面临的技术性贸易壁垒分析[J]. 世界农业,2006(9):5-7.
⑭ 叶刘刚,白福臣,尹萌. 关税对水产品贸易量的影响——基于引力模型的实证研究[J]. 中国渔业经济,2014,32(4):82-88.
⑮ 孙琛. 加入 WTO 对我国水产品国际贸易的影响及后过渡期的相应对策[J]. 农业经济问题,2005(9):54-57.

外学者,我国基于新新贸易视角对出口的研究始于 2008 年,学者钱学锋在企业异质性贸易模型框架下,讨论了贸易成本对二元边际的影响①。随后,国内的二元边际研究逐渐兴起,涉及整体经济②、制造业③、高新技术产业④、农业⑤等诸多领域。

农产品贸易基于新新贸易视角的研究国外起步很早,在新新贸易理论发展初期就出现了不少研究农产品二元边际的案例。国内相关研究起步较晚,可以追溯到 2012 年,应晖⑥对浙江农产品出口贸易边际进行结构分析,得出价格和数量边际是主要贡献者的结论,随后,耿献辉等⑦(2014)测算了二元边际对中国农产品的出口贡献率,李文霞、杨逢珉⑧(2014)选择农产品出口马来西亚为研究对象测算了各个边际,均得出促进出口增长的是集约边际的结论。对于水产品贸易的研究随着农产品二元边际研究的增多而逐渐打开局面,同时此类研究也延续和借鉴了农产品贸易的研究成果。

1.1.2 二元边际研究综述

1.1.2.1 二元边际内涵

到目前为止,对二元边际内涵的界定仍然没有一致的标准。近年来相关研究主要从产品、企业和国家三个层面对二元边际进行了不同的界定,产品层面的研究较另外两个层面的研究来说占有更大的比重。

(一)在产品层面上

与集约边际反映的固定种类产品单纯数量性增长形成鲜明对比的是,扩展

---

① 钱学锋. 企业异质性、贸易成本与中国出口增长的二元边际[J]. 管理世界,2008(9):48-56.
② 马凌远. 中国出口增长二元边际的再测算——基于不同生产要素密集型产品贸易的视角[J]. 国际商务:对外经济贸易大学学报,2016(3):44-53.
③ 宗毅君. 本地市场效应与出口增长二元边际——基于中国 1996~2009 年制造行业面板数据的实证研究[J]. 浙江社会科学,2011(11):25-31.
④ 陆晓翔. 中国高新技术产品出口增长的二元边际及其影响因素研究[D]. 南京:南京大学,2015.
⑤ 袁德胜,朱小明,曹亮. 中国农产品出口增长的二元边际——基于引力模型的实证研究[J]. 宏观经济研究,2014(7):43-50.
⑥ 应晖,蒋琴儿. 浙江农产品出口贸易边际增长结构分析[J]. 浙江农业科学,2013,1(10):1237-1240.
⑦ 耿献辉,张晓恒,周应恒. 中国农产品出口二元边际结构及其影响因素[J]. 中国农村经济,2014(5):36-50.
⑧ 李文霞,杨逢珉,周华凯. 中国农产品出口马来西亚的二元边际分析[J]. 经济问题探索,2015(8):170-178.

边际反映了出口产品种类多样化程度[1]。进一步地,集约边际可以细化为数量和价格两个层面[2],也就是"三元边际"分析方法——从产品广度、数量和价格三个角度分析出口的增长[3]。

另外,部分学者[4]基于目的地视角分析产品层面的二元边际,给了各个边际新的含义和解释。同时,考虑区位变化和产品种类变化的效果使二元边际的外延定义与现实情况更加契合,在此视角下,集约边际表示为原出口市场集合下先前出口品种数量的扩张[5],扩展边际则表示为出口目的地集合变化,商品种类变化以及两者带来的联合影响[6]。目前国内有关二元边际方面的研究也大多是基于产品视角的。

(二)在企业层面上

延续并扩展产品层面的内涵,集约边际就表示为现有出口企业集合下各个企业出口额的增加,而扩展边际则可以理解为新的元素(新企业)加入这个出口集合下,扩充它的集合规模[7][8]。继而为了便于研究的量化和深入,企业层面下的集约边际内涵又进一步定义为集合内单个企业的平均出口额,而扩展边际也进一步延伸成集合的元素数量,也就是出口企业的总数[9]。

一个考虑企业异质性特征的双边贸易流量引力模型[10]也被运用到企业层面研究中:当企业个体的生产率水平超过该国出口到某国的平均生产率(这个生

① Chaney T. Distorted Gravity: The Intensive and Extensive Margins of International Trade[J]. American Economic Review, 2008, 98(4):1707-1721.
② Hummels D, Klenow P J. The Variety and Quality of a Nation's Exports[J]. American Economic Review, 2005, 95(3):704-723.
③ 施炳展. 中国出口增长的三元边际[J]. 经济学季刊,2010,9(3):1311-1330.
④ 王昱雯. 基于目的地视角的我国出口贸易二元边际研究[D]. 东南大学,2015.
⑤ 张杰,吴润生,杨连星. 中国出口增长的二元边际分解与区域差异[J]. 数量经济技术经济研究,2013(10):3-18.
⑥ Amurgopacheco A, Pierola M D. Patterns of Export Diversification in Developing Countries: Intensive and Extensive Margins[J]. Policy Research Working Paper, 2008.
⑦ Melitz M J. The Impact of Trade on Intra-Industry Reallocations and Aggregate Industry Productivity[J]. Econometrica, 2002, 71(6):1695-1725.
⑧ Bernard A B, Schott P K. The margins of US trade[J]. Social Science Electronic Publishing, 2009, 99(2):487-493.
⑨ Helpman E, Melitz M, Rubinstein Y. Estimating Trade Flows: Trading Partners and Trading Volumes[J]. Quarterly Journal of Economics, 2008, 123(2):441-487.
⑩ Chaney T. Distorted Gravity: The Intensive and Extensive Margins of International Trade[J]. American Economic Review, 2008, 98(4):1707-1721.

产率也叫门槛生产率)时,企业才会出口。当低于门槛生产率时,企业则主动或者被动地放弃出口。这个"多边非对称异质性企业贸易引力模型"的使用十分广泛,也是引用来作为二元边际影响因素的理论模型基础。

（三）在国家层面上

集约边际指已存在的双边贸易关系的出口增长[1],这时,产品角度的集约边际已经扩展到了宏观层面,是产品层面内涵的再一次扩充。扩展边际与之相对应,也将产品层面的种类增加扩展到了贸易伙伴国数量的增加[2]。

1.1.2.2 二元边际分解及对出口的贡献度

传统国际贸易理论在分析一国贸易时,主要以贸易量为基础探讨国际贸易与国际分工模式,并未考虑贸易种类或者贸易企业数量的维度。

（一）从 Krugman[3] 为代表的新贸易理论开始

规模经济、不完全竞争和产品差异化等特点被引入国际贸易研究中,从而开创了新的贸易分析视角和维度。随着以 Melitz[4] 为代表的新新贸易理论开始研究企业异质性问题,贸易维度的分析更加全面和充分。实际上,传统国际贸易理论关注的是贸易增长的"集约边际"[5],也就是重点关注已经出口的产品种类集合内的数量增加[6]。新贸易理论开始关注到"扩展边际",但没有新新贸易理论那样的全面和具体。

新新贸易理论考虑了企业的异质性,以至于企业的劳动生产率存在差异,再加之贸易成本等的存在,不是所有的企业都参与对外贸易。新新贸易理论全面系统地从集约和扩展两种边际角度揭示了这个问题的原因,得出国际贸易增长是通过两种边际共同实现的[7]。自此,采用二元边际分析贸易增长的结构成

[1] 徐若霖,程宝栋,万璐. 中国木质林产品出口的二元边际分析[J]. 林业经济评论,2015(1):67-72.

[2] Brenton P, Newfarmer R. Watching More than the Discovery Channel: Export Cycles and Diversification in Development[J]. Policy Research Working Paper, 2007:1-32.

[3] Paul Krugman. Scale Economies, Product Differentiation, and the Pattern of Trade[J]. The American Economic Review, 1980, 70(5):950-959.

[4] Melitz M J. International Trade and Macroeconomic Dynamics with Heterogenous Firms[J]. Quarterly Journal of Economics, 2004, 120(3):865-915.

[5] 万璐,王颖. 贸易增长二元边际的演化与检验:一个文献综述[J]. 国际经贸探索,2012,28(5):48-58.

[6] 郑霞. 贸易增长的二元边际研究文献综述[J]. 对外经贸,2013(11):43-45.

[7] Melitz M J. The Impact of Trade on Intra-Industry Reallocations and Aggregate Industry Productivity [J]. Econometrica, 2002, 71(6):1695-1725.

为区分贸易增长机制和评价制度优劣的必要手段①。

(二)从二元边际贡献度的相关研究文献来看

主流观点认为集约边际在出口增长中发挥重要作用,许多国内外学者应用高度细分的数据从微观层对此论点进行论证。大多的研究选取美国或者中国为对象,Bernard 和 Jensern② 很早就测算出美国在 1980～1990 年的出口增长得益于两个边际的共同作用,其中,集约边际发挥了更为重要作用。Brenaton 和 Newfarmer③、Helpman④、Amurgo-Pacheco 和 Pierola⑤、Freund⑥、Alvarez 和 Claro⑦ 等国外学者通过测算,也得到了类似的结论。

2008 年以来,钱学锋⑧、施炳展和李坤望⑨、钱学锋和熊平⑩、施炳展⑪、马涛和刘仕国⑫、陈勇兵和陈宇媚等⑬、范爱军和刘馨遥⑭、盛斌和吕越⑮等国内学者对我国出口世界或者某些具体国家和地区的出口二元边际的分解和测算的结果表明,中国出口增长的主要贡献者也是集约边际。结合这些研究结果发现,

① 陈勇兵,陈宇媚. 贸易增长的二元边际:一个文献综述[J]. 国际贸易问题,2011(9):160-168.

② Bernard A B, Jensen J B. Why Some Firms Export[J]. Review of Economics & Statistics, 2004, 86 (2):561-569.

③ Brenton P, Newfarmer R. Watching More than the Discovery Channel: Export Cycles and Diversification in Development[J]. Policy Research Working Paper, 2007:1-32.

④ Helpman E, Melitz M, Rubinstein Y. Estimating Trade Flows: Trading Partners and Trading Volumes[J]. Quarterly Journal of Economics, 2008, 123(2):441-487.

⑤ Amurgopacheco, Pierola. Patterns of Export Diversification in Developing Countries: Intensive and Extensive Margins[J]. Policy Research Working Paper, 2008.

⑥ Freund C L. The Anatomy of China's Export Growth[J]. Social Science Electronic Publishing, 2010, 199(5):1-29.

⑦ Alessandria G, Choi H. Do Sunk Costs of Exporting Matter for Net Export Dynamics? [J]. Quarterly Journal of Economics, 2007, 122(1):289-336.

⑧ 钱学锋. 企业异质性、贸易成本与中国出口增长的二元边际[J]. 管理世界,2008(9):48-56.

⑨ 施炳展,李坤望. 中国靠什么实现了对美国出口的迅速增长——基于产品广度产品价格和产品数量的分解[J]. 世界经济研究,2009(4):32-37.

⑩ 钱学锋,熊平. 中国出口增长的二元边际及其因素决定[J]. 经济研究,2010(1):65-79.

⑪ 施炳展. 中国出口增长的三元边际[J]. 经济学季刊,2010,9(3):1311-1330.

⑫ 马涛,刘仕国. 产品内分工下中国进口结构与增长的二元边际——基于引力模型的动态面板数据分析[J]. 南开经济研究,2010(4):92-109.

⑬ 陈勇兵,陈宇媚,周世民. 贸易成本、企业出口动态与出口增长的二元边际——基于中国出口企业微观数据:2000—2005[J]. 经济学季刊,2012,11(3):1477-1502.

⑭ 范爱军,刘馨遥. 中国机电产品出口增长的二元边际[J]. 世界经济研究,2012(5):36-42.

⑮ 盛斌,吕越. 对中国出口二元边际的再测算:基于 2001—2010 年中国微观贸易数据[J]. 国际贸易问题,2014(11):25-36.

发展中经济体出口增长更多地依赖集约边际,这几乎成为一个大概率事件。

另一类观点则认为扩展边际更重要。持这种观点的学者主要有 Hummels 和 Klenow[1]、Kehoe 和 Ruhl[2]、Eaton 等[3][4]、Lawless[5]、Kancs[6] 以及国内学者宗毅君[7]、杨逢珉和翟慧娟[8]等。作为利用不同产品集合下研究对象出口额占整体比例来量化各个边际方法的创始人,Hummels 和 Klenow[9] 通过对 126 个国家出口到 59 个目的国的两个边际的测算得出这些研究对象国家的出口增长主要由扩展边际来推动。Eaton[10] 则以法国制造业出口 113 个国家的数据为基础测定二元边际,得出法国制造业出口增长主要来自扩展边际的结论。宗毅君[11]则探讨了中美 1992~2009 年出口世界的二元边际对各自竞争优势的影响,得出美国更多地依赖扩展边际来提升出口竞争优势,而中国还有一定的差距。

其实两种观点不存在孰对孰错,孰轻孰重的区分,因为不管是哪种观点都是基于现实数据的分析,数据囊括的范围不同,领域不同,时期也有差别,得到的结论也就有所差异。

---

[1] Hummels D, Klenow P J. The Variety and Quality of a Nation's Exports[J]. American Economic Review, 2005, 95(3):704-723.

[2] Kehoe T J, Ruhl K J. How Important Is the New Goods Margin in International Trade? [J]. Journal of Political Economy, 2013, 121(2):358-392.

[3] Eaton J, Kortum S, Kramarz F. Dissecting Trade: Firms, Industries, and Export Destinations[J]. American Economic Review, 2004, 94(2):150-154.

[4] Eaton J, Eslava M, Kugler M, et al. The Margins of Entry into Export Markets: Evidence from Colombia[J]. 2007.

[5] Lawless M. Deconstructing gravity: trade costs and extensive and intensive margins[J]. Canadian Journal of Economics/revue Canadienne Déconomique, 2010, 43(4):1149-1172.

[6] Kancs D. Trade Growth in a Heterogeneous Firm Model: Evidence from South Eastern Europe[J]. World Economy, 2007, 30(7):1139-1169.

[7] 宗毅君. 出口二元边际对竞争优势的影响——基于中美 1992~2009 年微观贸易数据的实证研究[J]. 国际经贸探索,2012,28(1):24-33.

[8] 杨逢珉,翟慧娟. 中国农产品出口欧盟市场的增长因素研究——基于 CMS 模型的实证分析[J]. 世界农业,2014(11):1-7.

[9] Hummels D, Klenow P J. The Variety and Quality of a Nation's Exports[J]. American Economic Review, 2005, 95(3):704-723.

[10] Eaton, Kortum, Kramarz. An Anatomy of International Trade: Evidence from French Firms. Econometrica, 2011, 79(5):1453-1498.

[11] 宗毅君. 出口二元边际对竞争优势的影响——基于中美 1992~2009 年微观贸易数据的实证研究[J]. 国际经贸探索,2012,28(1):24-33.

1.1.2.3 二元边际影响因素

影响二元边际的因素可以根据不同的理论模型和研究目的有不同的组合和搭配，常见的因素主要有贸易成本、经济规模、多边阻力、生产率水平、自贸协定以及外部冲击等（Chaney，2013[①]；钱学锋、熊平，2010[②]），当要考虑特定政策或者因素的效果时，金融因素、汇率、货币政策、贸易政策等也会被加入进来参与讨论。

（一）一般情况下，各个边际的影响因素会有所差异和区别

在构建影响因素理论模型时，被引用频率最高的是 Chaney[③] 的"多边非对称异质性企业贸易引力模型"，通过该模型推导，可以得出结论：企业视角下的集约边际受到企业生产率水平、经济规模、多边阻力和可变贸易成本的影响。而扩展边际则受到可变和固定贸易成本的双重影响。此外，这些因素对各个边际的影响比较复杂，表现在机制、程度和效果等多方面。

（二）贸易成本成为每个研究者不得不提及且花大力气分析的重要因素

实证结果表明，它确实占有重要的影响地位。贸易成本包括运输成本、政策成本、信息成本、合同实施成本、法律法规成本及分销成本等所有可以直接计算或者不能直接计算的成本[④][⑤]。按照国际贸易理论发展的阶段不同，研究者对于贸易成本的理解存在着差异[⑥]。

传统贸易理论一般假设不同国家之间的贸易行为都是自由贸易，国与国之间的运输成本为零，其他阻碍贸易的壁垒也都不存在，所以国家之间的贸易模式完全由各国的技术水平或者要素禀赋来决定，各国进行国际贸易的贸易成本被假定为零。然而，这种理想状态的假定毕竟与现实不相符，贸易成本不但客观存在而且随着国际贸易的迅猛发展发挥着越来越重要的作用，甚至影响并改

① Chaney T. The Gravity Equation in International Trade: An Explanation[J]. Review of World Economics，2013，142(1):92-121.
② 钱学锋，熊平. 中国出口增长的二元边际及其因素决定[J]. 经济研究，2010(1):65-79.
③ Chaney T. Distorted Gravity: The Intensive and Extensive Margins of International Trade[J]. American Economic Review，2008，98(4):1707-1721.
④ Anderson J E, Wincoop E V. Trade Costs[J]. Journal of Economic Literature，2004，42(3):691-751.
⑤ 许德友，梁琦，张文武. 中国对外贸易成本的测度方法与决定因素——一个基于面板数据的衡量[J]. 世界经济文汇，2010(6):1-13.
⑥ 夏先良. 论国际贸易成本[J]. 财贸经济，2011(9):71-79.

变着国际贸易的分工模式与利益分配。

（三）以规模经济、不完全竞争和产品差异化为"名片"

新贸易理论开始关注并重视贸易成本的作用，用"冰山"运输成本分析了贸易流向不确定问题。自此，运输成本作为贸易成本的典型代表，成为国际贸易分析中一个必不可少的影响因素。21世纪初诞生的"新新贸易理论"强调二元边际和企业的异质性特征，重视企业生产率水平和贸易成本等影响因素对贸易模式和规模的影响。而且，新新贸易理论认为，贸易成本按照表现特征和作用机制的差别，可以进一步分为固定和可变贸易成本，这两种贸易成本对不同边际的影响机制也有差异[1][2][3]。

此外，新新贸易理论研究学者们通过理论研究和实证分析普遍达成以下共识：企业的生产率水平和目标国家经济规模对企业出口产生影响[4]，只有生产率高的企业才会进入出口市场，生产率低的企业只能为国内市场生产[5]，技术壁垒、市场进入成本以及汇率的变化等都会影响企业的出口[6]，不同的汇率制度对出口边际的影响途径也不相同[7]。

（四）货币联盟可以增加贸易波动的扩展边际效应[8]

区域贸易安排对二元边际的影响多数研究证明区域贸易协定对出口产生积极影响，也有部分针对单个国家的研究表明区域贸易协定对不同研究对象存在不同效应[9][10]。

---

① 李世兰. 中国出口扩张路径模式：二元边际视角的分析与实证[D]. 浙江大学，2011.

② 钱学锋. 企业异质性、贸易成本与中国出口增长的二元边际[J]. 管理世界，2008(9)：48-56.

③ 姚娜. 贸易成本与出口扩展边际：中国的实证检验[D]. 辽宁大学，2013.

④ Bernard A B, Eaton J, Jensen J B, et al. Plants and productivity in international trade[J]. American Economic Review, 2003, 93(4):1268-1290.

⑤ Melitz M J. The Impact of Trade on Intra-Industry Reallocations and Aggregate Industry Productivity[J]. Econometrica, 2003, 71(6):1695-1725.

⑥ Bernard A B, Jensen J B. Why Some Firms Export[J]. Review of Economics & Statistics, 2004, 86(2):561-569.

⑦ Bergin P, Lin C Y. Exchange Rate Regimes and the Extensive Margin of Trade[C]. NBER International Seminar on Macroeconomics, 2008.

⑧ Auray S, Eyquem A, Hamiache G, et al. Nash Bargaining, Money Creation, and Currency Union[J]. Annals of Economics & Finance, 2008, 9(9):253-292.

⑨ 陈勇兵，付浪，汪婷，等. 区域贸易协定与出口的二元边际：基于中国—东盟自贸区的微观数据分析[J]. 国际商务研究，2015(2)：21-34.

⑩ 张琳. 中国东盟自由贸易区框架下贸易增长的二元边际分析[D]. 南开大学，2010.

1.2　相关理论概述

从传统贸易理论开始,国际贸易理论又先后经历了新贸易理论和新新贸易理论两个阶段。传统贸易理论假设不同国家之间的贸易行为都是自由贸易,国与国之间的运输成本为零,其他阻碍贸易的壁垒也都不存在,所以国家之间的贸易模式完全由各国的技术水平或者要素禀赋来决定。

传统贸易理论盛行了两个世纪之久,但在 20 世纪最后 20 年间,国际贸易的整体格局和逻辑框架发生了较大变化,以克鲁格曼为代表的新贸易理论提出了若干不同于传统理论的经济假说,并在此后的 20 年的时间里逐渐成为理论界的主流思想。直至 21 世纪初,基于异质性企业视角的"新新贸易理论"从微观角度提出了更加符合实际的假定,成为国际贸易理论研究的焦点。

1.2.1　传统贸易理论

传统贸易理论可分为古典和新古典两个部分,古典体系中的经典贸易理论包括绝对优势和相对优势理论,而要素禀赋理论则属于新古典体系中的经典贸易理论。这些经典的思想和模型构成了贸易理论最初的基石。绝对优势理论和相对优势理论产生的时代背景处于重商主义逐渐被资本主义取代的历史阶段,在此之前的贸易思想均以贸易顺差为出发点,即通过出口聚敛财富,而财富在当时定义仅仅指金银。新兴资本主义认为,强调绝对的贸易顺差必然带来严重的贸易摩擦,而在重商主义框架内贸易摩擦无法自主消除,其结果就是爆发战争。

绝对优势和相对优势理论对重商主义过分强调贸易顺差的思想进行了批判,并指出通过进口一样可以获得竞争优势,这在理论上推翻了当时认为贸易是"零和博弈"的思想。要素禀赋理论更多地考虑了多种生产要素的丰裕度情况对资源配置和出口产品选择的影响。从广义上讲,要素禀赋理论也使用了比较优势的概念,只是这种比较优势不是体现在出口产品方面而是体现在生产要素禀赋方面。

传统贸易理论的共同特点是,两国间贸易动因是由于技术差异或者是要素禀赋差异导致的比较优势产生,而且它们有着共同的理论假设——完全竞争、规模报酬不变、同质产品,此外,它们讨论的是发达国家和发展中国家间的产业间贸易现象,对于发达国家间在产业内进行的贸易现象无法解释。

1.2.2 新贸易理论

在 20 世纪 80 年代之前,传统贸易理论特别是要素禀赋理论一直是指导国际贸易实践的主流思想。但随着贸易形势的逐渐复杂,传统贸易理论的一些假定已经脱离了实际,对新出现的贸易现象无法给出有力的解释。例如,从 1960 年以来,大约 70% 的世界贸易发生在违背了传统贸易理论的交易原则,而且发达国家之间的贸易产品的种类出现了明显的集中化趋势。同时,不断发展扩大的跨国公司成为国际贸易的中坚力量,对全球诸多产业形成垄断。在这样的时代背景下,新贸易理论应运而生,对这些国际贸易新现象进行了合理的解释。

1.2.2.1 新贸易理论中的 D-S 模型[①]

即规模经济与多样化消费的两难冲突模型是美国经济学家 Dixit 和 Stiglitz 在《垄断竞争和最优产品多样化》一文中提出的。该模型认为,生产者从利润最大化角度出发希望产品种类越少越好,消费者从效用最大化角度出发希望消费的产品种类越多越好,所以就会存在两难冲突。这种冲突可以通过规模经济的途径达到均衡。对规模经济的追求要求一个扩大的统一市场来消化规模扩大带来的多余产量,从而导致国际贸易的发生。

受到 D-S 模型的启发,美国经济学家克鲁格曼[②]将模型中规模经济和产品多样化的均衡理念应用于国际贸易的理论分析中,并对模型垄断竞争的原假设做了调整,提出在不完全竞争的条件下,国家会出于规模经济的考虑使生产要素更加集中在某几种产品上,而规模化生产带来的过量供给则需要通过国际贸易来消化,且规模化生产的产品也不一定符合技术和要素禀赋差异原则。

1.2.2.2 以克鲁格曼为代表的新贸易理论的主要贡献[③]

(一)融合了产业组织理论

这使得对国际贸易现象的分析不再囿于完全竞争的框架。对市场完全竞

---

① Dixit A K, Stiglitz J E. Monopolistic Competition and Optimum Product Diversity: Reply [J]. American Economic Review, 1977, 67(5):961-963.

② Paul Krugman. Scale Economies, Product Differentiation, and the Pattern of Trade [J]. The American Economic Review, 1980, 70(5):950-959.

③ Paul Krugman. Increasing Returns, Monopolistic Competition, and International Trade[J]. Journal of International Economics, 1979, 9(4):469-479.

争的假定来自 200 多年前的传统贸易理论,由于当时的国际贸易范围主要在欧
洲国家及其殖民地内,因此这一假设具有充足的现实依据,但在当时具有普适
特征的假设目前看来已经不再具有现实意义,同样需要修正的还包括规模报酬
不变的假定。

(二)战略性贸易政策提倡政府干预

政府通过补贴等手段干预行业行为以实现行业和国家福利的最大化。

(三)将技术创新引入到国际贸易框架结构

以充分说明"二战"后科学技术创新对国际贸易动态发展的影响和作用。

1.2.3　新新贸易理论

发端于 21 世纪初的新新贸易理论,放弃了以往理论以国家或地区为研究
对象的宏观视角,转而考察企业层面的出口特征。这种思路的转变一方面由于
国际贸易理论微观基础的薄弱导致在宏观层面的修补已经无法很好地解决理
论解释能力差的问题;另一方面,基于微观的视角可以为理论的未来发展提供
更为坚实的基础。以异质企业贸易模型和企业内生边界模型为代表的新新贸
易理论研究学者们,通过理论研究和实证分析普遍达成以下共识:企业的生产
率和规模对其出口行为存在门槛效应,只有当生产率高于门槛值时,企业选择
出口才更有利。此外,贸易壁垒、市场进入成本以及汇率的变化等都会影响企
业的出口。

1.2.3.1　新新贸易理论的代表性模型

企业异质性模型①可以看作是对产品多样化以及不完全竞争现象在微观层
面的解释,该模型认为,企业之间存在多种维度上的差异,这种差异决定了其在
贸易自由化框架下的行为模式,模型主要考察了生产率的影响,发现生产率其
行为模式存在双重门槛,生产率较低的企业被淘汰,生产率一般的企业主要服
务于国内市场,而生产率高的企业则可以同时开辟国内和国际市场。本质上,
企业异质性模型是以生产率为标准,以国际贸易为背景建立的生产要素资源配
置模型。

---

① 　Melitz M J. International Trade and Heterogeneous Firms[J]. 2008,36(26):30-31.

1.2.3.2 Melitz[①] 的企业异质性贸易模型的基本内容

假设存在 $n+1$ 个国家,每个国家都与其他国家进行贸易。劳动作为唯一生产要素,每个国家的劳动供给为 L,所有国家为对称性国家,所以工资水平相同,都设定为 1。行业中的企业生产面临固定生产成本和可变生产成本两种成本,固定生产成本对所有企业都是一样的,可变生产成本跟着企业的生产率不同而不同。同时,企业出口也面临着固定贸易成本和可变贸易成本这两种贸易成本。固定贸易成本也被称为"沉没成本"[②],是产品进入外国市场所要支付的成本;可变贸易成本也被称为"冰山成本"[③],包含运输成本和关税成本等。

从消费者行为角度来看,消费者效用满足 CES 函数:

$$U=\left[\int_{i\in\varnothing} q(i)^{\frac{\sigma-1}{\sigma}}\mathrm{d}i\right]^{\frac{\sigma}{\sigma-1}} \tag{1.1}$$

其中,i 表示消费者消费的一系列商品 i,$\varnothing$ 表示消费者消费的商品集合,σ 表示任意两种商品的替代弹性。根据 D-S 模型,消费者总价格指数可以表示为:

$$P=\left[\int_{i\in\varnothing} p(i)^{1-\sigma}\mathrm{d}i\right]^{\frac{1}{1-\sigma}} \tag{1.2}$$

根据 D-S 模型的结论可以,消费者实现最优选择时的每种商品的消费量和支出满足:

$$q(i)=Q\left[\frac{p(i)}{P}\right]^{-\sigma} \tag{1.3}$$

$$r(i)=R\left[\frac{p(i)}{P}\right]^{-\sigma} \tag{1.4}$$

其中,$Q\equiv U$,R 代表消费者的总支出。由于前面设定工资为 1,所以 $R=L$。

从生产者行为角度来看,企业生产时都要支付相同的生产固定成本 FC,可变生产成本随企业的生产率变化而变化,假设每个企业的生产率为随机给定的 φ,且服从密度函数为 $G(\varphi)$ 的连续累积分布,则企业成本函数为:

$$C(x)=\frac{x}{\varphi}+FC \tag{1.5}$$

---

① Melitz M J. The Impact of Trade on Intra-Industry Reallocations and Aggregate Industry Productivity [J]. Econometrica,2003,71(6):1695-1725.

② Novy D. Trade Costs and the Open Macroeconomy[J]. Scandinavian Journal of Economics,2006,112(778):514-545.

③ Novy D. Is the Iceberg Melting Less Quickly? International Trade Costs after World War II[J]. Ssrn Electronic Journal,2006.

则企业国内市场的最优定价为：

$$P_d(\varphi) = \frac{\sigma w}{(\sigma-1)\varphi} = \frac{\sigma}{(\sigma-1)\varphi} \tag{1.6}$$

其中，σ 表示任意两种商品的替代弹性，φ 为企业生产率，w 是工资率，前述假定为1。

开放经济条件下，企业出口的定价由于固定和可变贸易成本的存在要高于国内市场定价，企业的国外市场定价为：

$$P_x(\varphi) = \frac{\sigma \tau}{(\sigma-1)\varphi} = \tau P_d(\varphi) \tag{1.7}$$

所以，企业从国内市场和国外市场得到的收入为：

$$r_d(\varphi) = R\left(P\frac{\sigma-1}{\sigma}\varphi\right)^{\sigma-1} \tag{1.8}$$

$$r_x(\varphi) = \tau^{1-\sigma} r_d(\varphi) \tag{1.9}$$

若企业出口，则总利润由国内利润和出口利润两部分构成。即有：

$$\pi_d(\varphi) = \frac{r_d(\varphi)}{\sigma} - f \tag{1.10}$$

$$\pi_x(\varphi) = \frac{r_x(\varphi)}{\sigma} - f_x \tag{1.11}$$

由利润最大化可知，能够得到两个临界生产率：国内临界生产率 $\bar{\varphi}_d$ 和出口临界生产率 $\bar{\varphi}_x$。且因为：

$$\bar{\varphi}_x = \bar{\varphi}_d \tau \left(\frac{FC_x}{FC}\right)^{\frac{1}{\sigma-1}} \tag{1.12}$$

正常情况下 $FC_x > FC$，那么 $\bar{\varphi}_x > \bar{\varphi}_d$，所以企业生产率的高低成为能否出口的判断依据。

若企业生产率 $\varphi < \bar{\varphi}_d$，该企业生产率低于国内生产临界生产率，所以企业被淘汰，退出市场。

若企业生产率 $\bar{\varphi}_d < \varphi < \bar{\varphi}_x$，该企业生产率高于国内生产临界生产率，但是低于出口临界生产率，所以企业只为国内市场生产。

若企业生产率 $\varphi > \bar{\varphi}_x$，该企业生产率高于出口临界生产率，所以企业同时参与国内市场和出口市场的生产。

Melitz 同时指出，公式(1.12)中 $\bar{\varphi}_x$ 为出口零利润生产率门槛，这个门槛生产率与可变贸易成本、国内生产成本和固定贸易成本都有关系。随着贸易自由化程度的加深,会带来固定贸易成本或可变贸易成本的降低,出口的门槛生产率会下降,更多生产率高于门槛临界值的企业会参与到国际贸易中来。

从 Melitz(2003)的企业异质性贸易模型中可以看出,由于固定贸易成本的存在,只有生产率高于门槛临界值的企业才会参与国际贸易。当固定贸易成本下降时,会出现这样一种局面:原有的参与国际贸易的企业会扩大自己的出口,也就是通过集约边际的方式扩大了出口;原来因为低于门槛生产率的企业也可以参与到国际贸易中来,也就是通过扩展边际的方式实现了出口的增长。因此,可以通过集约边际和扩展边际来评价由贸易成本降低、企业生产率等因素对出口增长所造成的不同性质的影响。

1.3 本章小结

本章从研究进展和演进过程两个方面为本书的写作建立了理论支点。研究综述方面,从水产品出口贸易和二元边际两个角度介绍了相关领域研究前沿,为出口特征的刻画及影响因素的分析奠定了前期基础。

从相关理论概述中可以发现,国际贸易理论经历的传统贸易理论—新贸易理论—新新贸易理论发展阶段是环环相扣的持续发展过程,从传统贸易理论的完全竞争、规模报酬不变、同质产品到新贸易理论的不完全竞争、规模经济、产品差异化再到新新贸易理论的异质性企业假设,这种演进过程通过逐步放松一些与现实不相吻合的前提假设使理论越发贴近实际,对贸易中出现的经济新现象具有更强的解释能力。

由于新新贸易理论能够较好地拟合新时期水产品贸易的现实特征,而且从理论角度能更好地体现二元边际这种研究方法的理论优势,因此,我国水产品出口二元边际分析将在新新贸易理论的框架下进行。

2 中国水产品出口增长现实特征

2.1 中国水产品出口现状描述

出口规模、商品结构和市场结构通常被认为是分析产品出口现状的三个重要指标。下面以这三个指标作为考察对象,对我国水产品的出口现状进行描述。

2.1.1 出口规模

我国水产品出口优势自 2002 年以来一直遥遥领先于其他水产品出口国家,2000～2016 年水产品出口以年均 10.42% 的增速增长。以 2016 年为例,我国水产品出口额为 203.30 亿美元,超过水产品第二出口国挪威(108.04 亿美元)和第三出口国美国(59.34 亿美元)出口额的总和。2000～2016 年中国水产品出口规模详见表 2-1 和图 2-1。

表 2-1 2000～2016 年中国水产品出口额及增长值　　　　单位:亿美元

年份	中国	世界	占比(%)	增长值	增长率(%)
2000	37.73	509.36	7.41	6.97	22.68
2001	41.28	523.04	7.89	3.56	9.43
2002	46.22	550.65	8.39	4.94	11.97
2003	53.84	611.06	8.81	7.62	16.48
2004	67.98	684.64	9.93	14.14	26.25
2005	76.90	753.63	10.20	8.92	13.12
2006	91.61	833.86	10.99	14.72	19.14
2007	94.63	899.94	10.52	3.02	3.29

（续表）

年份	中国	世界	占比（%）	增长值	增长率（%）
2008	103.66	982.22	10.55	9.03	9.55
2009	104.98	927.97	11.31	1.31	1.27
2010	134.73	1 070.99	12.58	29.75	28.34
2011	173.34	1 267.76	13.67	38.62	28.66
2012	184.45	1 275.08	14.47	11.10	6.40
2013	197.22	1 356.37	14.54	12.78	6.93
2014	212.03	1 442.99	14.69	14.81	7.51
2015	199.37	1 288.41	15.47	−12.67	−5.97
2016	203.30	1 195.05	17.01	3.93	1.97

数据来源：UNCOMTRADE 数据库

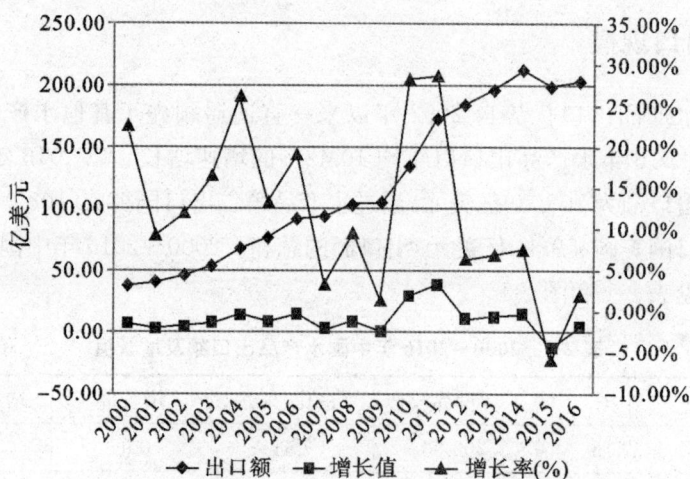

图 2-1　2000～2016 年中国水产品出口规模

由图 2-1 中可以看出，水产品出口额稳中有升。我国 2001 年加入 WTO
后，出现了出口额和占世界份额双升的局面。增长率也连年递增，2001～2006
年间水产品出口增长非常迅猛，2004 年增长率更是高达 26.25%。随后，水产品
出口迎来了缓慢增长时期，表现在图上就是出口额在 2007～2009 年间在缓慢
上升，而增长率曲线则呈现出急剧下降后反弹又下滑的"W"形状。2010～2011
年又迎来了我国水产品出口高速增长阶段，增长率年均在 28% 以上，增长速度非常快。2012～2014 年又开始进入低速增长阶段。从增长率曲线在 2007～2012 年期间的形状可以看出,这个阶段增长率变化非常不稳定,经历了大起大落的倒"V"型波动。2015 年是这 17 年间比较特殊的一年,2015 年中国水产品出口首次出现了出口额和增长率齐降的"怪象",这种情况同样适用于世界水产品出口贸易。2016 年中国水产品出口有了一定的复苏,实现了小幅度的增长,世界水产品出口继续萎缩,表明世界水产品出口仍未走出低迷状态。

从上述分析中可以看出,相对于出口额曲线的平稳上升,出口增长率变化较大,曲线呈现出不规则波浪形状。

2.1.2 出口商品结构

2000～2017 年,我国出口的水产品主要有鲜活冷藏冻鱼、干熏腌鱼、鲜活冷藏冷冻及腌甲壳软体、鱼制品和甲壳软体制品这五大类商品。各类商品的出口额及趋势见表 2-2 和图 2-2。

表 2-2 2000～2017 年中国水产品出口商品结构　　　　单位:亿美元

年份	鲜活冷藏冻鱼	干熏腌鱼	鲜活冷藏冷冻及腌甲壳软体	鱼制品	甲壳软体制品
2000	13.10	1.10	8.41	9.34	4.57
2001	16.22	1.01	8.46	8.60	5.68
2002	17.37	1.32	9.84	8.67	7.62
2003	20.23	1.56	11.34	8.23	11.01
2004	25.22	1.86	13.30	11.89	14.05
2005	30.21	2.07	11.07	13.31	18.46
2006	34.72	2.23	10.39	18.15	24.01
2007	35.30	2.39	9.72	21.28	23.62
2008	38.74	2.80	10.17	23.18	25.99
2009	44.87	2.85	20.30	16.38	17.82
2010	57.44	3.52	27.00	20.42	23.60
2011	71.73	3.94	34.19	26.34	33.50
2012	71.92	4.51	36.78	30.22	37.79
2013	75.13	4.72	45.40	30.57	38.51

（续表）

年份	鲜活冷藏冻鱼	干熏腌鱼	鲜活冷藏冷冻及腌甲壳软体	鱼制品	甲壳软体制品
2014	80.29	4.95	55.50	30.10	37.84
2015	75.35	4.71	53.18	29.85	32.64
2016	77.43	4.86	54.77	28.99	33.94
2017	77.47	5.11	44.72	30.84	40.75

数据来源：UNCOMTRADE 数据库

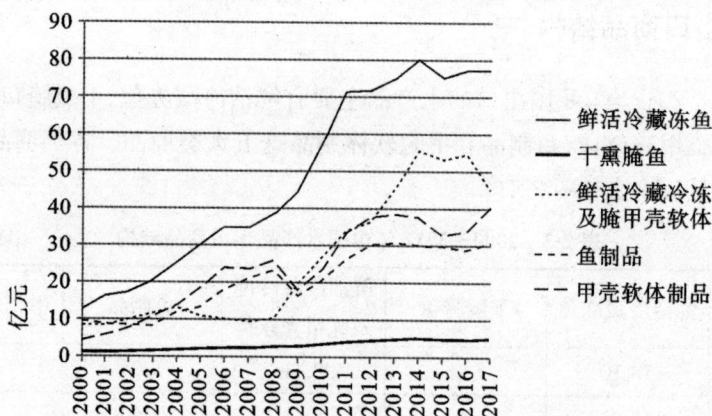

图 2-2　2000～2017 年中国水产品出口商品结构

由图 2-2 可以看出，鲜活冷藏冻鱼出口一直占据绝对优势，2000～2017 年占水产品出口比重在 35%～44% 之间。其次是鲜活冷藏冷冻及腌甲壳软体、鱼制品和甲壳软体制品，三者 18 年间此消彼长，难分伯仲。鲜活冷藏冷冻及腌甲壳软体类产品出口额呈现出先降后升的变化趋势，从 2009 年起一直处于水产品出口第二大类商品的位置。甲壳软体类产品出口额变化趋势则先升后降，从 2009 年起一直居于水产品出口第三位。鱼制品出口则先降后升再降，自 2009 年起一直居于第四。干熏腌鱼占比非常稳定，18 年间占水产品出口比重一直稳定在 2.4%～3%。

2.1.3　出口市场结构

中国水产品出口市场结构是指我国水产品出口贸易地理分布，选取 2000～

2016年的17年间中国水产品出口的十大主要贸易伙伴。我国对它们的水产品出口额详见表2-3、表2-3(续)和图2-3。由图2-3可以看出,我国对十大贸易伙伴的水产品出口较为稳定,有偶尔年份对某些伙伴国的出口额此消彼长,也是由于特殊的经济或者政治原因。

日本在2000~2016年间一直占据我国水产品出口第一目的地,这主要还是因为中日两国特殊的地理位置和互补性的水产品资源禀赋。作为我国水产品第一大出口目标国,日本所占份额在17%~54%之间,我国水产品出口对它的市场依赖性可见一斑。但是,从占比份额变化趋势来看,2000~2016年我国出口日本水产品占比是逐渐下降的,从2000年的53.44%到2016年的17.66%,这也从另一个角度说明了我国水产品出口的市场结构在不断地优化。

我国对美国的出口则较为稳定,美国在这17年内一直是中国水产品出口的第二大目标国,占比在13.6%~20%之间。

表2-3　2000~2016年中国水产品出口十大贸易伙伴出口额　单位:亿美元

年份	日本	美国	中国香港	韩国	泰国
2000	20.16	5.24	2.22	4.32	0.14
2001	20.15	5.64	2.08	6.25	0.14
2002	22.37	8.15	2.56	6.89	0.43
2003	21.89	10.12	3.72	7.62	0.24
2004	28.37	9.70	4.30	9.82	0.29
2005	29.16	12.87	4.00	9.82	0.36
2006	30.49	17.73	3.60	11.29	0.48
2007	29.20	17.72	4.01	11.28	0.59
2008	27.56	20.52	4.53	10.95	1.40
2009	26.58	20.61	5.36	10.10	1.15
2010	32.08	25.96	7.32	13.31	1.50
2011	40.24	29.03	12.75	15.87	3.26
2012	41.47	29.25	17.81	14.76	5.10
2013	38.01	31.72	21.94	13.86	6.47

（续表）

年份	日本	美国	中国香港	韩国	泰国
2014	36.96	33.77	23.95	16.27	8.91
2015	35.46	31.82	20.08	15.55	11.87
2016	35.90	30.21	19.39	16.36	11.04
年份	马来西亚	德国	菲律宾	英国	西班牙
2000	0.14	1.08	0.03	0.33	0.94
2001	0.20	1.36	0.03	0.60	0.88
2002	0.25	1.27	0.14	0.37	0.14
2003	0.51	1.88	0.24	0.97	0.41
2004	1.03	2.34	0.21	1.07	0.95
2005	1.35	2.80	0.32	1.37	1.92
2006	1.82	3.68	0.52	2.13	2.42
2007	1.92	3.91	0.58	2.30	2.43
2008	3.05	5.04	0.82	2.58	2.32
2009	2.60	4.97	1.77	2.31	2.60
2010	3.60	5.19	1.38	2.68	3.66
2011	5.28	5.62	1.80	3.21	4.15
2012	7.10	5.25	3.02	2.96	3.19
2013	7.61	5.05	3.50	3.35	3.46
2014	8.28	5.17	4.13	3.51	3.68
2015	5.11	5.11	5.05	3.10	3.49
2016	5.74	4.51	5.57	3.28	4.28

数据来源：UNCOMTRADE 数据库。

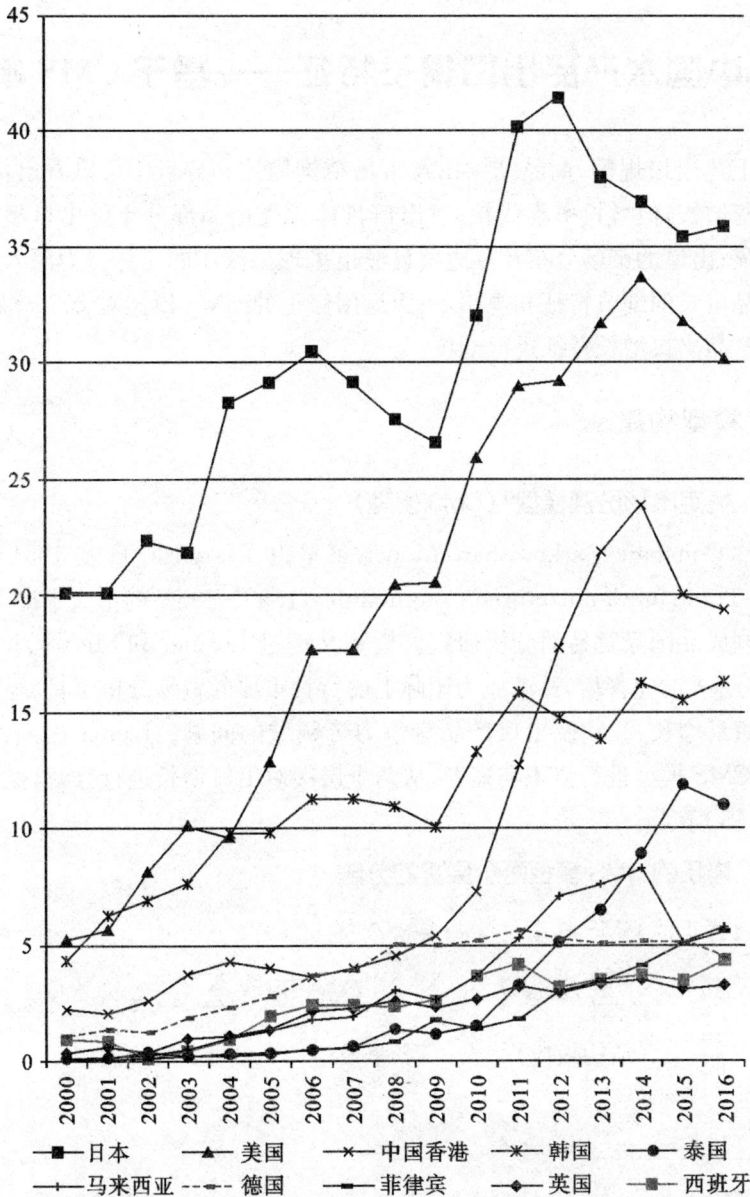

图 2-3 2000～2016 年中国水产品出口十大贸易伙伴出口额（单位：亿美元）

从图 2-3 中可以看到，我国水产品出口到十大贸易伙伴国家或地区 17 年间出口额变化的趋势。

2.2 中国水产品出口增长特征——基于 CMS 模型

从上述出口规模、商品结构以及市场结构描述和分析中可以看出：水产品出口平稳增长，但增长率起伏较大；出口具体大类商品部分年份出口额及占比变化明显；出口的市场分布及双边贸易额也呈现出波动的态势。为深入分析我国水产品增长的细节特征和规律，下面运用修正的 CMS 模型对 2000~2016 年中国水产品出口增长特征进行剖析。

2.2.1 模型构建

2.2.1.1 恒定市场份额模型[①](CMS 模型)

全称 Constant Market Share Model，最早由 Tyszynski H.在 1951 年题为 "World Trade in Manufactured Commodities，1899—1950"的论文中提出，被用来进行制成品国际贸易的分析研究。模型又经过 Leamer 和 Stern[②]、Jepma[③]、帅传敏[④]等人的完善后，逐渐成为国际上流行且重要的贸易分析工具，经常被用来研究贸易增长、波动及出口产品竞争力等领域的问题。Jepma 在 1986 年对传统的 CMS 模型进行修正和完善，从两个层次对出口增长进行分解，被称为修正的 CMS 模型。

2.2.1.2 修正的 CMS 模型两个层次的分解

（一）修正的 CMS 模型的第一层次分解

$$\Delta q = \sum_i \sum_j S_{ij}^0 \Delta Q_{ij} + \sum_i \sum_j Q_{ij}^0 \Delta S_{ij} + \sum_i \sum_j \Delta S_{ij} \Delta Q_{ij} \qquad (2.1)$$

（结构效应）　　　（竞争效应）　　　（二阶效应）

① Tyszynski H. World Trade in Manufactured Commodities，1899-1950 1[J]. Manchester School，1951，19(3):272-304.
② Leamer，Stern. Constant-market-share analysis of export growth[J]. Quantitative International Economics，1970:171-183.
③ Jepma C J. Extensions and application possibilities of the constant market shares analysis. The case of the developing countries' export[J]. University of Groningen，1986.
④ 帅传敏，程国强. 中国农产品国际竞争力的估计[J]. 管理世界，2003(1):97-104.

（二）修正的 CMS 模型的第二层次分解

$$\Delta q = S^0 \Delta Q + \left[\sum_i S_i^0 \Delta Q_i - S^0 \Delta Q \right] + \left[\sum_i \sum_j S_{ij}^0 \Delta Q_{ij} - \sum_i S_i^0 \Delta Q_i \right] + \Delta S Q^0 +$$

（增长效应）（产品结构效应）　　　（市场结构效应）（综合竞争力效应）

$$\left[\sum_i \Delta S_i Q_i^0 - \Delta S Q^0 \right] + \left[\sum_i \sum_j Q_{ij}^0 \Delta S_{ij} - \sum_i \Delta S_i Q_i^0 \right] + \sum_i \sum_j \Delta S_{ij} \Delta Q_{ij}$$

（产品竞争力效应）　　　（市场竞争力效应）　　　（交叉效应）（2.2）

公式（2.1）和（2.2）中，S 表示世界市场中某大类产品出口中一国所占份额；S_i 表示世界产品 i 出口总额中一国产品 i 所占份额；S_{ij} 表示一国的产品 i 出口到 j 国的出口额占世界出口产品 i 到 j 国出口总额的份额；Q 表示世界某大类产品出口额；Q_i 表示世界对产品 i 的出口额；Q_j 表示世界对 j 国的出口额；Q_{ij} 则表示世界出口产品 i 到 j 国产品 i 的金额；q 表示中国某大类产品出口额；Δ 表示在两个时期之间的变化量；上标 0 表示起始年份；下标 i 和 j 分别表示产品和国家。

2.2.1.3　单一产品多市场的修正 CMS 模型

假设水产品为单一产品，选取日本、美国、中国香港、韩国、泰国、马来西亚、德国、菲律宾、英国、西班牙、加拿大、俄罗斯、巴西、法国、墨西哥、新加坡、澳大利亚、印尼、意大利、荷兰、越南 21 个中国水产品主要出口市场作为研究对象（2000～2016 年中国出口到 21 个国家或地区水产品额占中国水产品出口总额比重在 82%～96% 之间）。那么，单一产品多市场的修正 CMS 模型的表达式简化为两个层次。

（一）修正的 CMS 模型的第一层次分解

$$\Delta q = \sum_j S_j^0 \Delta Q_j + \sum_j Q_j^0 \Delta S_j + \sum_j \Delta S_j \Delta Q_j \qquad (2.3)$$

（结构效应）　（竞争效应）　　（二阶效应）

（二）修正的 CMS 模型的第二层次分解

$$\Delta q = S^0 \Delta Q + \left[\sum_j S_j^0 \Delta Q_j - S^0 \Delta Q \right] + \Delta S Q^0 +$$

（增长效应）（市场结构效应）　（综合竞争力效应）

$$\left[\sum_j Q_j^0 \Delta S_j - \Delta S Q^0 \right] + \sum_j \Delta S_j \Delta Q_j \qquad (2.4)$$

（市场竞争力效应）　　（交叉效应）

2.2.2 数据选择与说明

水产品的产品范围及统计口径是进行各类水产品研究工作最先要明确的问题,目前比较流行的分类标准主要有四类。

一是《协调商品名称及编码制度》(HS);

二是《国际贸易标准分类》(SITC);

三是《国际水生动植物标准统计分类》(ISSCAAP);

四是《渔业商品国际标准统计分类》(ISSCFC)。

虽然后两类水产品范围更加全面和准确,但是由于数据可获得性原因,贸易研究中很少用到。前两类在目前研究中被大量使用,本章水产品相关贸易数据采用的是 UNCOMTRADE 数据库中 HS96 标准分类下 03 章 222 种商品和编码 0508.00 下 4 种、0509.00、0511.91 下 6 种、1504 下 3 种、1604 和 1605 下共 38 种、1212.20 下 18 种、1302.31 下 2 种以及 2301.20 下 2 种总共 296 种商品的统计数据。同时,选取 21 个我国水产品主要出口市场作为研究对象,采用单一产品多市场的修正 CMS 模型进行水产品出口增长特征分解的实证分析,研究的时间跨度为 2000～2016 年。

2.2.3 实证结果分析

2.2.3.1 CMS 第一层次分解

在 CMS 第一层次的分解中,一个国家实际的出口增长可以由结构效应、竞争效应和二阶效应来刻画。在此,结构效应用来表征我国水产品出口额对进口国水产品进口规模和进口结构变化的反应;竞争效应反应了我国水产品出口竞争力对水产品出口额的影响;二阶效应则是上述两类效应交互作用所引起的水产品出口额的变化。表 2-4 显示了中国水产品出口 CMS 第一层次分解的结果。

表 2-4　中国水产品出口 CMS 第一层次分解　　　　单位:亿美元

年份	结构效应绝对额	比值1(%)	竞争效应绝对额	比值2(%)	二阶效应绝对额	比值3(%)
2000—2001	−1.36	−41.51	4.80	145.93	−0.15	−4.42
2001—2002	1.06	20.92	3.93	77.62	0.07	1.46

（续表）

年份	结构效应绝对额	比值 1（%）	竞争效应绝对额	比值 2（%）	二阶效应绝对额	比值 3（%）
2002—2003	0.71	10.40	5.67	83.53	0.41	6.08
2003—2004	5.65	41.74	6.66	49.19	1.23	9.07
2004—2005	2.56	36.59	3.96	56.64	0.47	6.77
2005—2006	4.58	36.55	7.37	58.83	0.58	4.61
2006—2007	3.19	250.14	−1.78	−139.82	−0.13	−10.32
2007—2008	5.41	78.02	1.65	23.77	−0.12	−1.79
2008—2009	−6.79	602.55	6.69	−593.44	−1.02	90.90
2009—2010	13.05	50.53	10.98	42.53	1.79	6.94
2010—2011	20.94	65.36	9.13	28.48	1.97	6.15
2011—2012	1.12	14.22	6.37	80.70	0.40	5.08
2012—2013	2.73	32.44	7.00	83.27	−1.32	−15.71
2013—2014	6.39	63.11	4.94	48.73	−1.20	−11.84
2014—2015	−13.95	105.02	1.21	−9.07	−0.54	4.05
2015—2016	8.11	364.07	−5.45	−244.68	−0.43	−19.39

数据来源：根据 UNCOMTRADE 数据库计算

注：比值 1、比值 2、比值 3 分别为结构效应绝对额、竞争效应绝对额、二阶效应绝对额在产品出口额变化中的比重

可以看出，2000～2006 年间，竞争效应是我国水产品出口增长的主要因素，这说明中国水产品出口竞争力的提高有效促进了水产品的出口增长。其次是结构效应的贡献，即进口国的规模和进口的水产品结构起到的作用。由出口竞争力和世界市场对水产品需求变化共同作用的二阶效应在 2000～2008 年间发挥着较为稳定的作用且占比较小，在 10% 以下的贡献比重，但它在 2008～2009 年间占比骤然提高到 90.90%，此后占比一直处于小范围波动状态。总体看来，二阶效应在 2000～2015 年较竞争效应和结构效应的地位来说一直处于次要地位。2007～2011 年间，我国水产品出口增长中，结构效应发挥了更加重要的作用，推动了水产品出口的增长，这也说明我国水产品的出口商品结构与进口国

的需求结构不断磨合优化。2008～2009 年是个比较特殊的时期,由于全球金融危机的爆发,我国水产品出口受到了剧烈的冲击。结构效应起到了比较大的副作用,占比高达 602.55%,所以即使竞争效应缓冲它的影响,也是带来了出口额的下降。2011～2012 年和 2012～2013 年这两个阶段,竞争效应发挥主要地位,使得我国水产品稳步增长。2014～2016 年期间,结构效应又重新抢回了话语权。2015 年又是一个特殊年份,这年我国水产品出现了出口额和增长值双降的局面。

从 CMS 第一层次分解的结果来看,2015 年的这种态势主要是由于结构效应的负影响太大导致的结果。虽然我国水产品仍然具有一定的出口竞争力,但是由于进口国的需求数量大幅度下降以及需求结构与我国水产品的出口结构的不一致导致了出口额的下降。2016 年我国水产品出口市场的复苏也主要得益于结构效应的主体拉动作用,从分析结果来看,结构效应的比值达到364.07%,尽管竞争效应和二阶效应的负作用很大,在结构效应的带动下,2016 年我国水产品出口仍然实现了正增长。可以看出,结构效应是一把双刃剑,当前形势下,及时、正确地调整水产品出口结构以适应进口国的需求结构意义重大。

2.2.3.2 CMS 第二层次分解

在单一产品多市场 CMS 模型中,第二层次分解将出口增长归结为增长效应、综合竞争力效应、市场结构效应、市场竞争力效应和交叉效应的共同作用。相当于将第一层次的分解效应进行了细化:结构效应细分为由于进口国产品进口额的增长造成的出口国该产品出口额的变化为特征的增长效应和以出口市场分布变化引起的出口额变动为标志的市场结构效应;综合和市场竞争力效应是竞争力效应的构成。综合竞争力效应衡量的是出口国出口份额的增长所带来的贡献;市场竞争力则体现的是出口产品在进口国市场竞争力变动对出口额的贡献。我国水产品出口 CMS 第二层次分解结果详见表 2-5 和表 2-6。

表 2-5　中国水产品出口 CMS 第二层次分解　　　　单位:亿美元

年份	增长效应绝对额	市场结构效应绝对额	综合竞争力效应绝对额	市场竞争力效应绝对额	交叉效应绝对额
2000—2001	1.01	−2.38	2.48	2.32	−0.15
2001—2002	2.18	−1.12	2.62	1.31	0.07
2002—2003	5.07	−4.36	2.30	3.38	0.41

（续表）

年份	增长效应 绝对额	市场结构 效应绝对额	综合竞争力 效应绝对额	市场竞争力 效应绝对额	交叉效应 绝对额
2003—2004	6.48	−0.83	6.83	−0.17	1.23
2004—2005	6.85	−4.29	1.88	2.08	0.47
2005—2006	8.19	−3.61	5.90	1.47	0.58
2006—2007	7.26	−4.07	−3.93	2.15	−0.13
2007—2008	8.65	−3.25	0.35	1.30	−0.12
2008—2009	−5.73	−1.06	7.45	−0.76	−1.02
2009—2010	16.18	−3.13	11.76	−0.77	1.79
2010—2011	24.75	−3.81	11.71	−2.59	1.97
2011—2012	1.00	0.12	10.04	−3.68	0.40
2012—2013	11.76	−9.03	0.96	6.05	−1.32
2013—2014	12.59	−6.20	2.09	2.85	−1.20
2014—2015	−22.71	8.76	11.25	−10.05	−0.54
2015—2016	−14.45	22.56	19.81	−25.27	−0.43

数据来源：根据 UNCOMTRADE 数据库作者整理计算

表 2-6　中国水产品出口 CMS 第二层次分解

年份	增长效应 比值（%）	市场结构 效应比值（%）	综合竞争力 效应比值（%）	市场竞争力 效应比值（%）	交叉效应 比值（%）
2000—2001	30.81	−72.32	75.30	70.63	−4.42
2001—2002	42.99	−22.07	51.77	25.85	1.46
2002—2003	74.66	−64.27	33.80	49.73	6.08
2003—2004	47.87	−6.13	50.44	−1.24	9.07
2004—2005	97.97	−61.38	26.87	29.77	6.77
2005—2006	65.32	−28.77	47.09	11.74	4.61
2006—2007	569.06	−318.92	−308.10	168.28	−10.32
2007—2008	124.87	−46.85	5.05	18.72	−1.79

(续表)

年份	增长效应比值(%)	市场结构效应比值(%)	综合竞争力效应比值(%)	市场竞争力效应比值(%)	交叉效应比值(%)
2008—2009	508.22	94.31	−661.30	67.87	90.90
2009—2010	62.64	−12.11	45.53	−3.00	6.94
2010—2011	77.25	−11.89	36.56	−8.07	6.15
2011—2012	12.69	1.52	127.31	−46.61	5.08
2012—2013	139.78	−107.34	11.36	71.91	−15.71
2013—2014	124.32	−61.21	20.58	28.15	−11.84
2014—2015	170.96	−65.95	−84.68	75.61	4.05
2015—2016	−648.26	1012.33	889.10	−1133.78	−19.39

数据来源:根据 UNCOMTRADE 数据库作者整理计算

由表 2-5 和表 2-6 可以看出,2000～2016 年我国水产品出口增长动因波动较为复杂。从 2000～2016 年我国水产品出口 CMS 第二层次分解结果来看,在研究的 16 年间有 10 年时间增长效应成为我国水产品出口增长最主要的推手,余下的 6 年大多年份由综合竞争力效应占据主要地位。市场结构效应紧随其后,然后是市场竞争力效应和交叉效应。其中较为明显的是,市场结构效应在这些年的比值基本为负数,说明我国水产品出口市场分布的变化对水产品出口增长起到了抑制作用。

从表 2-6 数据来看,五个效应的总体变化情况在 2007、2009、2015、2016 年出现拐点,这也正好跟前面我国水产品出口规模的分析结果吻合。通过对表 2-6 的分析可以看出,2003～2008 年间,增长效应发挥主要作用,这六年中进口国的进口额增长对我国水产品出口的增长影响很大。同期的市场结构效应为负,抑制了增长。我国水产品在进口国的市场竞争力提高,这期间市场竞争力效应为正值。2008～2009 年由于进口国进口额锐减,水产品出口分布和我国水产品出口竞争力下降共同作用导致出口增长下降,由于综合竞争力效应的作用才最终实现了出口额的净增长,但是增长值和增长率都创出了新低。从 2008～2014 年的 CMS 分解结果可以看出,2008 年的金融危机对增长效应的影响是非常明显的,直接导致 2009 年我国水产品出口增长效应比值下降很大,这也与经济危机导致进口国进口额下降的现实相吻合。2015 年,受全球经济复苏缓慢、水产品消费萎缩等外部因素和成本提高、结构性产能过剩、融资困难等内部因素[①]的共同影响,我国水产品出口迎来了 20 年来最为艰难的时刻。当年的出口额和增长值降幅巨大。从 CMS 分解结果来看,这种下降主要由增长效应所致。市场竞争力和交叉效应紧随其后。这也从理论角度证实了全球水产品消费萎缩及在国水产品出口竞争力亟待优化的现实。从表 2-6 中可以看出,2016 年我国水产品出口有了一定的复苏,实现了小幅度的增长,这主要是由于市场结构效应和综合竞争力效应共同作用的结果,同时可以发现,市场竞争力的负作用也非常大,说明我国水产品出口到外国市场的竞争力有了较大幅度地下滑,我国今后应在提高国外市场水产品竞争力方面多下功夫。

2.3　本章小结

通过上述对 2000～2016 年我国水产品出口现状的描述和出口增长特征的剖析,得出以下结论:我国水产品出口平稳增长,但出口增长率波动较大,曲线呈现出波浪形状,尤其在 2007、2009、2015、2016 年出口增长率出现拐点;五大类出口水产品中,鲜活冷藏冻鱼出口占据绝对优势;同时,2000～2016 年间出口到 21 个主要贸易伙伴的水产品出口额占比高达 82%～96%。市场集中且贸易伙伴及份额较稳定。为了进一步深入分析我国水产品出口增长的特征,本章运用 CMS 模型进行了两个层次的增长特征分解,CMS 第一层次分解结果显示,2000～2006 年,我国水产品出口增长的主要特征通过竞争效应发挥。2007～2014 年的大多数年份中,结构效应发挥了更加重要的作用,推动了我国水产品出口的增长。2015 年则出现了出口额和增长值双降的局面,主要推手则是结构效应。CMS 第二层次分解进一步细化了我国水产品出口增长的特征要素,总体看来,2000～2016 年大多数年份中,增长效应为我国水产品出口增长的主要标签,不论在出口增长迅猛时期还是出口锐减阶段。另外,相比增长效应、综合竞争力效应比值大多数年份为正值不同的是,市场结构效应比值多为负值,说明我国水产品出口增长中的市场分布特征表现的不尽合理,从而抑制了我国水产品出口的增长。

[①]　朱亚平. 2015 年全国水产品进出口贸易概况[J]. 中国水产,2016,38(5):45-47.

3 中国水产品出口二元边际结构分解

3.1 二元边际测度方法

3.1.1 简单计数法

简单计数法是基于细分数据对出口产品进行归类,通过种类或者价值的变化来衡量一国出口的二元边际,它也是这些测度方法中较为简便的方法。具体做法是:选定某个时间段的出口产品种类或者出口值作为基期,将第 t 期的出口产品种类或者出口值与其做比较。若某 i 类产品在基期和报告期都有出口,那么这部分的出口种类或者出口值就计入集约边际;若第 i 类产品只在基期或者报告期出口,也就是说,第 i 类产品在基期出口而在报告期消失,或者在基期没有出口而在报告期出口,那么这种消失或者新增的出口产品的种类或者出口值就计入扩展边际。

若考察 $0-T$ 期国家 c 对国家 d 出口增长的二元边际,令 X_{i0} 表示基期国家 c 出口到国家 d 的 i 产品的出口额,X_{it} 表示 t 时期国家 c 出口到国家 d 的 i 产品的出口额,那么有:

$$\Delta X_t = \sum_{i \in I_0} X_{it} - \sum_{i \in I_0} X_{i0} + \sum_{i \in I_N} X_{it} - \sum_{i \in I_D} X_{it} \tag{3.1}$$

其中,I_0 表示国家 c 在基期和报告期持续出口到 d 国的产品组合,即"老产品";I_N 表示国家 c 在基期没有出口而在报告期出口到 d 国的产品组合,即"新产品";I_D 表示国家 c 在基期出口,而在报告期没有出口的"消亡产品"组合。公式右侧由三个部分构成:持续出口产品的出口额增加值 $\sum_{i \in I_0} X_{it} - \sum_{i \in I_0} X_{i0}$,新产品出口增加值 $\sum_{i \in I_N} X_{it}$,消亡产品出口减少值 $\sum_{i \in I_D} X_{it}$。这三个部分的总和就是报告期相对于基期的总出口增长值。其中的持续增长部分就是出口增长的集约边际,新产品的增长值与消亡产品的减少值的和为出口增长的扩展边际。

$$IM = \sum_{i \in I_0} X_{it} - \sum_{i \in I_0} X_{i0} \quad EM = \sum_{i \in I_N} X_{it} - \sum_{i \in I_D} X_{it} \tag{3.2}$$

其中，IM 是集约边际，EM 是扩展边际。

3.1.2　Feenstra 指数扩展分解法

Feenstra 指数扩展分解法[①]是以 Feenstra 指数为基础并在 CES 生产函数假设条件下推导出来的一种衡量出口变化的方法。Feenstra 指数表达式为：

$$FI = \frac{\sum V_{ti}(I_{t0}^E) / \sum V_{ti}}{\sum V_{0i}(I_{t0}^E) / \sum V_{0i}} \tag{3.3}$$

公式中，FI 表示价格指数；V_{ti} 表示第 i 种商品在第 t 期的出口额；V_{0i} 表示第 i 种商品在第 0 期的出口额；I_{t0}^E 表示在 0 期和 t 期都有出口的商品集合，也就是重合出口的那部分商品。该指标表示，如果报告期产品种类与基期比较没有变化，则该指数为 1；若种类减少，则该指数大于 1；若种类增加，则该指数小于 1。

在 Feenstra 指数扩展分解法中，定义出口产品范围为 I，时间 t 时 i 产品的出口值为：

$$v_t = \sum_{i=1}^{I} p_t^i q_t^i \tag{3.4}$$

很自然地，可以获得两个时间段下总出口额的变化表达式为：

$$dv_t = v_t - v_{t-1} = \sum_{i=1}^{I} p_t^i q_t^i - \sum_{i=1}^{I} p_{t-1}^i q_{t-1}^i \tag{3.5}$$

这个变化可以分解为相同产品出口值变化 c、新产品出口增加值 n 和消亡产品出口减少值 x 三个部分。

$$dv_t = \sum_{c=1}^{C} p_t^c q_t^c - \sum_{c=1}^{C} p_{t-1}^c q_{t-1}^c + \sum_{n=1}^{N} p_t^n q_t^n - \sum_{n=1}^{N} p_{t-1}^n q_{t-1}^n + \sum_{x=1}^{X} p_t^x q_t^x$$
$$- \sum_{x=1}^{X} p_{t-1}^x q_{t-1}^x \tag{3.6}$$

当 $v_{t-1}^n = 0$ 和 $v_t^x = 0$ 时，

$$dv_t = \sum_{c=1}^{C} p_t^c q_t^c - \sum_{c=1}^{C} p_{t-1}^c q_{t-1}^c + \sum_{n=1}^{N} p_t^n q_t^n - \sum_{x=1}^{X} p_{t-1}^x q_{t-1}^x \tag{3.7}$$

(3.7) 式两边同时加减 $\sum_{i=1}^{I} p_t^i q_{t-1}^i$ 可以得到：

---

① Feenstra R C. New Product Varieties and the Measurement of International Prices[J]. American Economic Review, 1994, 84(1):157-177.

$$dv_t = \sum_{c=1}^{C} p_t^c q_t^c + \sum_{c=1}^{C} p_t^c q_{t-1}^c - \sum_{c=1}^{C} p_t^c q_{t-1}^c - \sum_{c=1}^{C} p_{t-1}^c q_{t-1}^c + \sum_{n=1}^{N} p_t^n q_t^n$$
$$- \sum_{x=1}^{X} p_{t-1}^x q_{t-1}^x \tag{3.8}$$

$$dv_t = \sum_{c=1}^{C} p_t^c \Delta q_t^c + \sum_{c=1}^{C} \Delta p_t^c q_{t-1}^c + \sum_{n=1}^{N} p_t^n q_t^n - \sum_{x=1}^{X} p_{t-1}^x q_{t-1}^x \tag{3.9}$$

若(3.7)式两边同时加减 $\sum_{i=1}^{I} p_{t-1}^i q_t^i$ 可以得到：

$$dv_t = \sum_{c=1}^{C} p_t^c q_t^c + \sum_{c=1}^{C} p_{t-1}^c q_t^c - \sum_{c=1}^{C} p_{t-1}^c q_t^c - \sum_{c=1}^{C} p_{t-1}^c q_{t-1}^c + \sum_{n=1}^{N} p_t^n q_t^n$$
$$- \sum_{x=1}^{X} p_{t-1}^x q_{t-1}^x \tag{3.10}$$

$$dv_t = \sum_{c=1}^{C} p_{t-1}^c \Delta q_t^c + \sum_{c=1}^{C} \Delta p_t^c q_t^c + \sum_{n=1}^{N} p_t^n q_t^n - \sum_{x=1}^{X} p_{t-1}^x q_{t-1}^x \tag{3.11}$$

结合(3.9)式和(3.11)式可以得到：

$$dv_t = \sum_{c=1}^{C} \frac{p_t^c + p_{t-1}^c}{2} \Delta q_t^c + \sum_{c=1}^{C} \Delta p_t^c \frac{q_t^c + q_{t-1}^c}{2} + \sum_{n=1}^{N} p_t^n q_t^n - \sum_{x=1}^{X} p_{t-1}^x q_{t-1}^x$$
$$\tag{3.12}$$

(3.12)式中可以看出，出口值的变化可以分为四个部分，分别是数量变化、价格变化、新产品增加值和消亡产品减少值。那么，集约边际就是前两者的和，而扩展边际则为后两者的加总。

3.1.3　HK 指数分解法

在 Hummels 和 Klenow[①]（以下简称 HK 方法）提出的分解框架中，一国出口占世界份额可以分解为扩展边际和集约边际，其中扩展边际是一国出口产品和世界出口产品集合中相同种类产品的世界出口额占世界总出口额的比重，如果一国与世界出口的重叠产品越多则其扩展边际越大，也即该国出口产品多样化程度越高。

相应地，集约边际是一国出口产品集合中该国占世界出口贸易额的比重，如果在与世界出口的相同产品上一国出口的贸易额越大则其集约边际越大。

① Hummels D, Klenow P J. The Variety and Quality of a Nation's Exports[J]. American Economic Review, 2005, 95(3):704-723.

集约边际：

$$IM_{cd} = \frac{\sum\limits_{i \in I_{cd}} P_{cdi}\, X_{cdi}}{\sum\limits_{i \in I_{cd}} P_{gdi}\, X_{gdi}} \tag{3.13}$$

其中，IM 是集约边际，c 是对象国，d 是进口国，g 是参考国，I_{cd} 表示 c 国向 d 国出口商品的集合，I_{gd} 表示 g 国向 d 国出口商品的集合，本书假设参考国 g 为世界，所以，I_{gd} 表示世界向 d 国出口商品的集合，P_{cdi} 和 X_{cdi} 表示 c 国出口到 d 国的商品 i 的价格和出口量。

扩展边际：

$$EM_{cd} = \frac{\sum\limits_{i \in I_{cd}} P_{gdi}\, X_{gdi}}{\sum\limits_{i \in I_{gd}} P_{gdi}\, X_{gdi}} \tag{3.14}$$

其中，EM 是扩展边际，EM_{cd} 表示对象国 c 出口到 d 国的商品的扩展边际。

这样看来，集约边际测量的就是在 c 国向 d 国出口的商品集合下，c 国出口到 d 国的商品的出口额占世界出口到 d 国同样产品集合的出口额的比值。它测度的是 c 国与世界重叠的出口商品种类下，c 国出口额占世界总出口的百分比，说明了 c 国出口的产品深度增长问题。扩展边际测量的则是世界在 c 国向 d 国出口的商品集合下出口到 d 国的出口额与世界出口到 d 国的全部商品集合的出口额的比值。它测度的是 c 国与世界出口到 d 国的重叠商品出口额占世界总出口额的百分比，说明了 c 国出口的产品广度增长问题。重叠部分的出口额比重越高，c 国实现了更多商品的出口，出口的产品广度越大。

如果要分析一国出口世界的二元边际，那么就要把该国在不同市场的个值进行加权处理后再加总求和，上式中，要测度 c 国整体的集约边际和扩展边际，就需要按照下列公式进行加权求解：

$$IM_c = \prod_{d \in D} IM_{cd}{}^{\alpha cd} \tag{3.15}$$

$$EM_c = \prod_{d \in D} EM_{cd}{}^{\alpha cd} \tag{3.16}$$

其中，IM_c 表示 c 国整体出口的集约边际，IM_{cd} 表示 c 国出口到 d 国的集约边际；EM_c 表示 c 国整体出口的扩展边际，EM_{cd} 表示 c 国出口到 d 国的扩展边际；α_{cd} 表示对 d 国的出口占 c 国总出口的比重。

此外，集约边际还可以继续分解出产品数量和产品价格的影响，也就是数量边际和价格边际：

$$IM_{cd} = P_{cd} \times Q_{cd} \qquad (3.17)$$

其中，$P_{cd} = \prod_{i \in I_{cd}} \left(\dfrac{p_{cdi}}{p_{gdi}}\right)^{\omega_{cdi}}$ (3.18)，$Q_{cd} = \prod_{i \in I_{cd}} \left(\dfrac{q_{cdi}}{q_{gdi}}\right)^{\omega_{cdi}}$ (3.19) 分别表示价格指数和数量指数；ω_{cdi} 是个权重，通过下式计算所得：

$$\omega_{cdi} = \frac{\dfrac{S_{cdi} - S_{gdi}}{\ln S_{cdi} - \ln S_{gdi}}}{\sum_{i \in I_{cd}} \dfrac{S_{cdi} - S_{gdi}}{\ln S_{cdi} - \ln S_{gdi}}} \qquad (3.20)$$

公式中的 S_{cdi} 和 S_{gdi} 分别表示 i 商品出口所占的比重；

$$S_{cdi} = \frac{p_{cdi}\, q_{cdi}}{\sum_{i \in I_{cd}} p_{cdi}\, q_{cdi}} \qquad (3.21)$$

$$S_{gdi} = \frac{p_{gdi}\, q_{gdi}}{\sum_{i \in I_{cd}} p_{gdi}\, q_{gdi}} \qquad (3.22)$$

至此，一国在某市场的出口份额就可以分解为产品扩展边际、数量边际和价格边际：

$$R_{cd} = \frac{\sum_{i \in I_{cd}} p_{cdi}\, q_{cdi}}{\sum_{i \in I_{gd}} p_{gdi}\, q_{gdi}} = EM_{cd} \times P_{cd} \times Q_{cd} \qquad (3.23)$$

同计算总体集约边际和总体扩展边际一样，一国整体的价格边际和数量边际也可以通过加权方法求解：

$$P_c = \prod_{d \in D} P_{cd}^{\alpha_{cd}} \qquad (3.24)$$

$$Q_c = \prod_{d \in D} Q_{cd}^{\alpha_{cd}} \qquad (3.25)$$

其中，P_c 和 Q_c 分别表示 c 国整体的价格边际和数量边际，α_{cd} 表示对 d 国的出口占 c 国总出口的比重。

3.2 中国水产品出口二元边际时序特征

运用上述的二元边际测度方法中的简单计数法和 Feenstra 指数扩展分解法对我国水产品出口世界以及出口 21 个国家或地区的二元边际进行分解，进而总结我国水产品出口二元边际时序特征，把握其演变趋势。所采用的数据均来源于联合国商品贸易统计数据库（UNCOMTRADE Database）HS1996 标准分类下六位 HS 编码的相关进出口统计数据，包含 HS03 章 222 种商品和编码 0508.00 下 4 种、0509.00、0511.91 下 6 种、1504 下 3 种、1604 和 1605 下共 38 种、1212.20 下 18 种、1302.31 下 2 种以及 2301.20 下 2 种总共 296 种商品。这种统计方法基本能涵盖参加国际贸易的全部水产品种类。由于 2017 年水产品贸易数据还没有公布，所以本次研究 2000～2016 年中国水产品出口世界及 21 个国家或地区的二元边际时序特征。

3.2.1　中国水产品出口世界的二元边际时序特征

相对于基期而言，将报告期我国对世界的水产品出口分为三个组成部分：两期都有出口的相同水产品；报告期出口，基期不出口的新增水产品；基期出口，报告期不出口的消失水产品。其中，相同水产品的相关指标代表着我国水产品出口世界的集约边际；新增水产品和消失水产品的相关指标代表着我国水产品出口世界的扩展边际。

表 3-1 从出口产品种类变化角度分析我国水产品出口世界的二元边际时序特征，将 2000 年定为此次研究的基期。从表中可以看出，2000～2016 年间，我国水产品出口世界的总种类在波动中下降，从 2000 年的出口 100 种水产品下降到 2016 年的 87 种，总体下降幅度达到 13%。就出口产品的种类结构来看，相同水产品出口占了主要地位，且比重从 2001 年的 94.12% 上升到 2016 年的 97.70%，呈现出逐年缓慢上升的趋势。新增水产品出口和消失水产品出口所占的比重相对相同水产品出口而言较小，新增水产品出口比重从 2001 年的 5.88% 下降到 2016 年的 2.3%，在 16 年间呈现出波浪形下降趋势。消失水产品出口比重除 2001 年外，其他 15 年均高于新增水产品出口所占比重，说明这些年来我国出口世界水产品种类减少的数量高于水产品出口种类增加的数量，这也从另一个侧面证实了我国水产品出口世界总种类数在逐年减少的时序特征。

表 3-1　2000～2016 年中国水产品出口世界产品种类变化分解

年份	水产品出口种类	相同水产品数	比重 1（%）	新增水产品数	比重 2（%）	消失水产品数	比重 3（%）
2000	100						
2001	102	96	94.12	6	5.88	4	3.92

（续表）

年份	水产品出口种类	相同水产品数	比重1（%）	新增水产品数	比重2（%）	消失水产品数	比重3（%）
2002	96	91	94.79	5	5.21	9	9.38
2003	95	92	96.84	3	3.16	8	8.42
2004	93	90	96.77	3	3.23	10	10.75
2005	96	93	96.88	3	3.13	7	7.29
2006	96	92	95.83	4	4.17	8	8.33
2007	90	86	95.56	4	4.44	14	15.56
2008	88	85	96.59	3	3.41	15	17.05
2009	90	87	96.67	3	3.33	13	14.44
2010	89	85	95.51	4	4.49	15	16.85
2011	91	87	95.60	4	4.40	13	14.29
2012	87	85	97.70	2	2.30	15	17.24
2013	87	85	97.70	2	2.30	15	17.24
2014	91	88	96.70	3	3.30	12	13.19
2015	87	85	97.70	2	2.30	15	17.24
2016	87	85	97.70	2	2.30	15	17.24

数据来源：根据 UNCOMTRADE 数据库计算所得

表 3-1 对中国水产品出口世界产品种类变化的分解是从总体角度来进行的分析，是将世界作为一个整体贸易对象或者说将中国水产品出口到的所有国家看成是一个个体来进行讨论的。这种总体性的考察角度相对于表 3-2 所采用的产品—国家对的分析来看，就更多地倾向于概括和笼统。产品—国家对的分析角度就更加细致和精确，由于添加了目的地视角，它能够更清晰、具体地反映我国水产品出口基于地理方向的种类变化情况。这里，如前述分析一样，依旧选取日本、美国、中国香港、韩国、泰国、马来西亚、德国、菲律宾、英国、西班牙、加拿大、俄罗斯、巴西、法国、墨西哥、新加坡、澳大利亚、印尼、意大利、荷兰、越南21 个中国水产品主要出口市场作为产品—国家对分析中的国家地区参数，2000～2016 年我国出口到这 21 个国家或地区水产品额占中国水产品出口总额比重在 82%～96% 之间，对于反映我国水产品出口世界的整体情况已经有足够的代

表性和发言权。依据我国2000～2016年间出口水产品到21个国家或地区的具体产品种类数据,对每个国家的每年数据进行整理、计算,仍以2000年为基期,再进行合并和加总,最后得出基于产品—国家对视角的中国水产品出口世界种类变化情况如表3-2所示。

表3-2 2000～2016年中国水产品出口世界产品—国家对变化分解

年份	水产品出口产品—国家对	相同水产品的产品—国家对	比重1(%)	新增水产品的产品—国家对	比重2(%)	消失水产品的产品—国家对	比重3(%)
2000	679						
2001	704	552	78.41	152	21.59	127	18.04
2002	667	516	77.36	151	22.64	163	24.44
2003	695	528	75.97	167	24.03	151	21.73
2004	750	539	71.87	211	28.13	140	18.67
2005	798	556	69.67	242	30.33	123	15.41
2006	817	545	66.71	272	33.29	134	16.40
2007	805	532	66.09	273	33.91	147	18.26
2008	749	505	67.42	244	32.58	174	23.23
2009	784	507	64.67	277	35.33	172	21.94
2010	788	500	63.45	288	36.55	177	22.46
2011	815	503	61.72	312	38.28	181	22.21
2012	834	505	60.55	329	39.45	175	20.98
2013	815	493	60.49	322	39.51	182	22.33
2014	815	492	60.37	323	39.63	185	22.70
2015	830	500	60.24	330	39.76	177	21.33
2016	867	517	59.63	350	40.37	163	18.80

数据来源:根据UNCOMTRADE数据库计算所得

可以发现,2000～2016年间,中国水产品出口世界的产品—国家对总数种类在波动中上升,从2000年的出口679个产品—国家对上升到2016年的867个,总体上升幅度达到27.7%。这跟表3-1中从整体视角得出的结论完全相反。

比较这两种分析视角下得到的结论不难发现,产品—国家对的分析视角更加贴近我国水产品出口的现实特征:随着中国参与国际经济不断提速、国际经济一体化程度逐渐加剧以及国际国内经济的高速发展和融合,包括水产品在内的我国货物贸易增长速度和额度都在突飞猛进,水产品出口的国家数以及出口到各个国家的额度也会水涨船高,有新的发展高度,除非出口到某个市场的容量已经饱和。所以从这个层面来看,产品—国家对的分析视角更加贴近和反映我国水产品出口现状。

就产品—国家对的种类结构来看,相同水产品的产品—国家对仍然占据主要地位,比重从 2001 年的 78.41% 下降到 2016 年的 59.63%,呈现出逐年下降的趋势。这也与整体视角下的结论不一致,但是两者的研究结果都夯实了"中国出口世界水产品中相同水产品占据主要和中心的地位"的结论。所以,无论选用哪种研究视角和方法,相同水产品的出口地位都是最重要的,只是发挥的作用程度不一样。我国水产品出口世界二元边际对出口的贡献中,相同水产品代表的集约边际起到了关键性作用。新增水产品的产品—国家对所占的比重在产品—国家对分析视角下有所加强,不再像总体视角下那么微不足道,比重从 2001 年的 21.59% 上升到 2016 年的 40.37%,在 16 年间基本呈现出爬坡式的上升趋势。消失水产品的产品—国家对数量和比重在大多数年份比较稳定,但数量上低于新增水产品的产品—国家对,这也与表 3-1 的结论恰好相反。

表 3-3　2000～2016 年中国水产品出口世界贸易额变化分解　单位:百万美元

年份	水产品出口总额	相同水产品出口额	比重 4（%）	新增水产品出口额	比重 5（%）	消失水产品出口额
2000	3 772.55					
2001	4 128.17	4 127.88	99.993 1	0.29	0.006 9	0.13
2002	4 622.29	4 621.73	99.987 9	0.56	0.012 1	3.96
2003	5 384.17	5 383.55	99.988 4	0.62	0.011 6	4.01
2004	6 797.75	6 797.14	99.991 0	0.61	0.009 0	7.73
2005	7 689.60	7 688.88	99.990 6	0.72	0.009 4	4.77
2006	9 161.18	9 158.10	99.966 4	3.08	0.033 6	4.10
2007	9 462.96	9 455.60	99.922 2	7.36	0.077 8	6.36
2008	10 366.32	10 360.55	99.944 3	5.77	0.055 7	7.28

（续表）

年份	水产品 出口总额	相同水产品 出口额	比重 4 （％）	新增水产品 出口额	比重 5 （％）	消失水产品 出口额
2009	10 497.62	10 491.22	99.939 0	6.40	0.061 0	2.03
2010	13 472.59	13 462.82	99.927 4	9.77	0.072 6	3.51
2011	17 334.33	17 306.58	99.839 9	27.75	0.160 1	2.07
2012	18 444.52	18 399.87	99.757 9	44.65	0.242 1	3.64
2013	19 722.13	19 661.04	99.690 2	61.09	0.309 8	7.38
2014	21 203.39	21 153.18	99.763 2	50.21	0.236 8	2.54
2015	19 936.59	19 890.86	99.770 6	45.73	0.229 4	17.73
2016	20 329.74	20 253.77	99.626 3	75.97	0.373 7	16.71

数据来源：根据 UNCOMTRADE 数据库计算所得

表 3-3 中，从贸易额变化角度去研究中国水产品出口世界的二元边际时序特征。水产品出口总额方面，除 2015 年外，其他 16 年总额逐年增长，从 2000 年的 37.73 亿美元到 2016 年的 203.30 亿美元，总体增幅达到 339％。相同水产品出口额占比非常高，2000～2016 年期间占比年年超过 99％；与之形成鲜明对比的是，新增和消失水产品出口额所占比重基本可以忽略不计。所以，从贸易额变化视角分析中国水产品出口世界的二元边际，可以非常明确地得到结论：集约边际在 2000～2016 年期间发挥了绝对性的主力作用。

从表 3-1、表 3-2 和表 3-3 的对比分析可以发现，由于观察视角和运算步骤上的差异，不同的研究方法在量化数值的结果上有所出入，不是哪种研究方法和视角出了问题，应是方法、视角的不同，即使研究方法相同、视角不同，得到的研究结果也可能有差异。所以，在进行研究的时候，合理、有效地选择研究方法和视角是非常必要和关键的。

3.2.2　中国水产品出口 21 个国家或地区的二元边际时序特征

前面以世界为一个独立个体，从整体角度探讨了我国水产品出口世界的二元边际时序特征，得出集约边际在我国水产品出口世界的出口增长中发挥着重要的作用。下面从单个国家和地区入手，来研究我国水产品出口二元边际特征。

选取日本、美国、中国香港、韩国、泰国、马来西亚、德国、菲律宾、英国、西班牙、加拿大、俄罗斯、巴西、法国、墨西哥、新加坡、澳大利亚、印尼、意大利、荷兰、越南 21 个中国水产品主要出口市场作为研究对象。水产品范围也仍然界定采用 HS1996 标准分类下 296 种水产品六位 HS 编码。我国水产品出口到这些国家和地区的双边贸易数据可以从联合国商品贸易统计数据库中得到。涉及产品种类数量由笔者根据这些能够获得的基本原始数据整理统计。表 3-4 中关于 2001～2016 年中国水产品出口 21 个国家或地区产品种类变化分解的数据说明如下：每个出口地在研究期内都有三列数据，第一列为该年份我国水产品出口到该地的产品种类总数，第二列是与基期相比，报告期新增的水产品种类数量，第三列则是报告期出口消失的水产品种类数，以 2000 年为基期。由此，2001～2006 年中国水产品出口到 21 个国家或地区的种类变化结果详见表 3-4、表 3-4（续 1）和表 3-4（续 2）。

表 3-4　2001～2016 年中国水产品出口 21 个国家或地区产品种类变化分解

年份	日本			美国			中国香港			韩国			泰国			马来西亚			德国		
2001	86	9	7	59	7	11	59	5	8	76	13	8	39	16	6	35	7	13	24	6	6
2002	80	6	10	58	7	12	62	10	10	70	9	10	34	13	8	45	12	8	21	5	8
2003	84	6	6	62	9	10	57	7	12	73	14	12	38	15	6	41	9	9	23	9	8
2004	78	6	12	61	9	11	61	9	10	70	9	10	38	15	6	46	14	9	29	11	6
2005	87	9	7	62	10	11	56	5	13	74	12	10	43	18	4	41	10	10	31	13	6
2006	86	9	7	61	12	14	61	8	9	76	14	9	40	19	6	39	7	9	30	16	10
2007	79	7	12	63	13	13	62	8	9	74	13	10	40	17	6	37	7	11	37	19	6
2008	76	4	12	51	10	22	54	6	12	68	11	14	38	16	7	36	8	13	32	16	8
2009	74	5	15	55	13	14	54	5	13	66	10	15	42	22	9	39	11	13	33	17	8
2010	68	4	21	47	8	24	54	7	15	66	11	16	37	16	8	41	13	13	31	17	8
2011	67	4	21	49	9	24	64	13	11	67	12	16	45	24	8	44	17	8	36	15	8
2012	72	7	19	56	11	17	65	11	11	65	12	18	35	18	2	50	20	11	37	18	7
2013	71	7	19	54	14	23	67	15	11	63	10	18	38	20	11	44	15	11	33	16	6
2014	65	7	24	53	14	24	66	16	11	62	10	18	41	22	10	47	15	11	31	16	7
2015	64	6	26	56	14	21	66	15	11	65	9	20	42	22	9	53	26	8	29	14	7
2016	66	5	23	58	12	17	70	17	9	65	13	19	45	25	10	50	17	8	31	14	7

数据来源：根据 UNCOMTRADE 数据库计算所得

由表 3-4 可以看出,2001～2016 年的 16 年间,中国出口到日本、美国、中国香港、韩国、泰国、马来西亚和德国的水产品种类的变化趋势可以大致分为三类。

第一类是早期出口种类比较多,随后缓慢下降的类型,日本、韩国属于此类型。中国水产品出口日本的种类数从 2001 年的 86 种下降到 2016 年的 66 种,总降幅超过 23％,而同期的中国水产品出口日本的出口额从 2001 年的 20.15 亿美元上升到 2016 年的 35.90 亿美元,增长了 78％。出口额在种类减少的情况下仍然实现了大幅增长,说明我国水产品出口到日本的产品集中度在提高,集约边际在中国出口到日本的出口二元边际中起到重要作用。韩国也是这种情况。

第二类是早期出口种类比较少,后期逐步上升的类型,中国香港、泰国、马来西亚和德国属于这种情况。以马来西亚为例,马来西亚在这个类型中算是比较突出的,我国水产品出口马来西亚的种类数从 2001 年 35 种上升到 2016 年 50 种,总升幅达到 43％,而且从新增和消失产品数来看,新增产品数量连年递增,优势明显。所以单从种类变化来看,扩展边际的作用较第一种类型更加明显。就本身比较而言,到底是集约边际还是扩展边际更有优势还要通过具体的计算和比较来确定。

第三类则是长期比较稳定类型。美国大致可以归为此类。我国水产品出口美国的种类数从 2001 年的 59 种到 2016 年的 58 种,期间虽有起伏,波动不大,较为稳定。种类变化不大,但是我国水产品出口美国的出口额从 2001 年的 5.64 亿美元上升到 2016 年的 30.21 亿美元,增长了 335％,增幅巨大。由此可以看出,这种额度的巨增主要得益于出口的深度增长,集约边际对出口增长的贡献是非常显著的。

表 3-4(续 1)　2001～2016 年中国水产品出口 21 个国家或地区产品种类变化分解

年份	菲律宾			英国			西班牙			加拿大			俄罗斯			巴西			法国		
2001	19	6	6	26	11	4	26	8	5	34	3	10	18	9	2	6	2	0	25	7	3
2002	20	6	5	15	4	8	19	5	9	42	9	8	26	17	2	3	0	1	13	1	9
2003	22	8	5	18	4	5	21	5	7	42	10	9	26	16	1	3	1	2	18	4	7
2004	27	13	5	26	12	5	27	5	2	41	10	10	27	17	1	4	2	2	23	5	5
2005	30	14	3	28	13	4	30	9	2	42	12	11	29	19	1	4	3	0	28	10	3

(续表)

年份	菲律宾			英国			西班牙			加拿大			俄罗斯			巴西			法国		
2006	22	9	6	37	21	3	32	11	2	43	13	11	37	27	1	7	5	2	34	15	2
2007	25	11	5	33	17	3	34	15	4	42	18	17	33	23	1	8	5	1	27	9	3
2008	25	12	6	32	16	3	30	12	5	40	13	14	36	26	1	6	4	2	28	10	3
2009	30	16	5	34	20	5	30	10	3	40	14	15	35	26	2	6	4	2	33	13	1
2010	26	12	5	36	20	5	36	15	2	44	16	13	35	26	2	8	6	2	33	13	1
2011	29	16	6	37	21	3	36	16	3	42	15	14	37	28	2	9	7	2	29	11	3
2012	29	14	4	40	23	2	34	16	5	45	16	12	36	27	2	16	14	2	31	12	2
2013	30	16	5	37	20	2	31	15	7	43	16	14	35	26	2	16	13	1	31	12	2
2014	28	14	5	34	18	3	32	14	5	40	17	18	40	31	2	12	10	2	29	10	2
2015	32	17	4	35	18	4	36	18	2	43	14	12	33	24	2	15	13	2	28	10	3
2016	28	15	6	34	18	6	35	18	2	48	17	10	42	32	1	17	15	2	31	13	3

数据来源：根据 UNCOMTRADE 数据库计算所得

从表 3-4(续 1)中可以看出，菲律宾、英国、西班牙、俄罗斯和巴西属于第二类型，也就是早期出口种类比较少，后期逐步上升的类型。俄罗斯和巴西是这个类型的典型代表，我国水产品出口俄罗斯和巴西的种类数分别从 2001 年的 18 种和 6 种上升到 2016 年的 42 种和 17 种，上升幅度都超过 100%，而且从新增和消失产品数来看，新增产品数量优势非常明显。加拿大和法国基本可以归为第三类型，属于较为稳定的发展趋势，相较于基期而言，新增的产品种类以及消失的种类数量比较平稳。

表 3-4(续 2)　2001~2016 年中国水产品出口 21 个国家或地区产品种类变化分解

年份	墨西哥			新加坡			澳大利亚			印尼			意大利			荷兰			越南		
2001	12	5	0	42	5	9	33	9	5	18	4	7	26	8	5	29	8	7	12	4	5
2002	12	6	1	40	5	11	28	7	8	24	9	9	20	5	8	16	8	18	19	9	3
2003	13	7	1	41	9	8	30	9	8	23	9	7	21	6	8	21	4	11	18	10	5
2004	16	11	2	48	11	9	38	17	8	23	10	8	24	7	6	25	7	10	20	10	3
2005	14	8	1	48	13	11	35	13	7	29	14	6	33	13	8	28	6	8	24	15	4
2006	17	11	1	50	16	12	34	9	4	23	10	8	30	13	6	31	11	8	27	16	2

(续表)

年份	墨西哥			新加坡			澳大利亚			印尼			意大利			荷兰			越南		
2007	17	12	2	50	14	10	33	11	7	20	9	10	30	12	5	39	18	7	22	15	6
2008	15	8	0	41	12	17	29	8	8	21	10	10	29	11	5	37	14	5	25	17	5
2009	18	12	1	45	13	12	37	14	6	21	8	8	30	13	6	33	12	7	29	19	3
2010	19	13	1	46	15	15	31	11	9	24	9	6	31	13	6	36	14	6	39	28	2
2011	21	14	0	45	15	16	29	10	10	24	11	8	34	16	5	36	14	6	32	24	5
2012	22	16	1	41	11	12	36	17	10	22	9	8	29	11	5	38	16	5	35	27	5
2013	24	18	1	46	13	13	31	10	8	21	10	10	33	13	8	33	13	8	37	27	3
2014	22	16	1	46	12	12	34	12	7	28	14	4	29	12	6	35	15	8	39	29	3
2015	28	22	1	46	13	13	38	15	6	23	12	10	33	13	7	33	12	7	40	29	2
2016	27	21	1	52	14	8	38	15	6	24	11	8	31	13	5	33	12	7	42	33	4

数据来源:根据 UNCOMTRADE 数据库计算所得

表 3-4(续 2)的国家比较具有代表性,既有我国长期的水产品出口贸易伙伴,也有新近开发或者改善贸易关系的国家。既有总体经济实力较强的发达国家,也有经济发展稍显落后的发展中国家。这七个国家基本都可以归类为早期出口种类比较少,后期逐步上升的第二类型。其中,中国水产品出口墨西哥和越南两个发展中国家的情况最能反映这个类型的特点。出口到两国水产品种类数分别从 2001 年的同是 12 种上升到 2016 年的 27 种和 42 种,新增产品数量优势非常突出,也反映出我国水产品出口在深度发展的同时,也注重了广度扩展,逐步实现出口的深度和广度"两条腿并进"的发展趋势。

3.3 中国水产品出口二元边际横截面特征

运用 HK 指数分解法对我国水产品出口世界以及 21 个国家或地区的二元边际进行分解,进而总结中国水产品出口二元边际横截面特征。

计算二元边际的方法与前面理论介绍部分运用的公式一致,只是公式中的商品特指水产品,c 国特定是中国,d 国则是分析对象中的 21 个国家或地区及世界,g 国指定为世界。在这样的特定假设下,集约边际测量的就是在我国向

21 个国家或地区中的某国出口水产品集合下,我国出口到该国和地区的水产品出口额占世界出口到该国和地区同样水产品集合的出口额的比值。它测度的是中国与世界重叠的出口水产品种类下,我国出口额占世界总出口的百分比,说明了我国水产品出口的产品深度增长问题。

扩展边际测量的则是世界在中国向某国出口水产品集合下出口到该国的水产品出口额与世界出口到该国的全部水产品出口额的比值。它测度的是我国与世界出口到该国的重叠水产品出口额占世界水产品总出口额的百分比,说明了中国出口水产品的产品广度增长问题。重叠部分的水产品出口额比重越高,中国实现了更多水产品的出口,水产品出口的产品广度越大。在这部分研究中,为保持全文研究对象和范围的一致性,水产品范围及相关贸易数据依然采用 UNCOMTRADE 数据库 HS1996 标准分类下 296 种水产品六位 HS 编码的相关进出口统计数据,本部分只研究 2000~2016 年中国水产品出口 21 个国家或地区及世界的二元边际 HK 指数方法下的计算结果,以探讨其二元边际横截面特征。

3.3.1 中国水产品出口 21 个国家或地区的二元边际横截面特征

运用 HK 指数分解法分别计算中国水产品出口到日本、美国、中国香港、韩国、泰国、马来西亚、德国、菲律宾、英国、西班牙、加拿大、俄罗斯、巴西、法国、墨西哥、新加坡、澳大利亚、印尼、意大利、荷兰、越南这 21 个国家或地区的集约边际和扩展边际,得到的结果详见表 3-5、表 3-5(续 1)和表 3-5(续 2)。

表 3-5　2000~2016 年中国水产品出口 21 个国家或地区的集约边际 IM 和扩展边际 EM

	日本		美国		中国香港		韩国		泰国		马来西亚		德国	
	IM	EM	IM	EM	IM	EM	IM	EM	IM	EM	IM	EM	IM	EM
2000	0.134	0.953	0.056	0.885	0.116	0.976	0.321	0.964	0.023	0.751	0.057	0.808	0.096	0.504
2001	0.158	0.918	0.062	0.877	0.133	0.878	0.391	0.970	0.015	0.858	0.068	0.860	0.098	0.557
2002	0.175	0.923	0.087	0.877	0.166	0.856	0.379	0.966	0.040	0.798	0.081	0.907	0.109	0.465
2003	0.177	0.932	0.097	0.886	0.246	0.852	0.395	0.984	0.026	0.783	0.148	0.914	0.145	0.486
2004	0.206	0.929	0.090	0.895	0.255	0.875	0.451	0.964	0.029	0.801	0.262	0.731	0.151	0.554
2005	0.201	0.982	0.108	0.925	0.240	0.875	0.428	0.964	0.030	0.835	0.294	0.864	0.124	0.661
2006	0.226	0.947	0.139	0.897	0.191	0.914	0.425	0.959	0.037	0.813	0.359	0.873	0.155	0.599

（续表）

	日本		美国		中国香港		韩国		泰国		马来西亚		德国	
	IM	EM	IM	EM	IM	EM	IM	EM	IM	EM	IM	EM	IM	EM
2007	0.224	0.967	0.141	0.861	0.209	0.852	0.382	0.967	0.039	0.878	0.342	0.866	0.142	0.636
2008	0.192	0.975	0.181	0.752	0.229	0.814	0.390	0.952	0.065	0.875	0.784	0.657	0.170	0.658
2009	0.204	0.963	0.176	0.837	0.256	0.817	0.387	0.963	0.065	0.890	0.536	0.712	0.185	0.581
2010	0.223	0.946	0.220	0.754	0.295	0.807	0.428	0.963	0.079	0.879	0.622	0.733	0.201	0.543
2011	0.242	0.937	0.207	0.796	0.408	0.880	0.417	0.960	0.130	0.903	0.694	0.763	0.168	0.596
2012	0.235	0.959	0.183	0.898	0.563	0.861	0.408	0.963	0.177	0.904	0.859	0.765	0.132	0.735
2013	0.253	0.962	0.208	0.798	0.631	0.912	0.400	0.942	0.217	0.918	0.965	0.738	0.136	0.639
2014	0.256	0.949	0.198	0.791	0.713	0.917	0.400	0.944	0.347	0.904	0.953	0.765	0.140	0.589
2015	0.270	0.957	0.180	0.882	0.610	0.918	0.380	0.933	0.508	0.893	0.702	0.761	0.155	0.610
2016	0.265	0.953	0.193	0.756	0.550	0.932	0.378	0.933	0.447	0.882	0.689	0.873	0.144	0.547
增幅	97%	0%	243%	−15%	376%	−5%	18%	−3%	1 849%	17%	1 112%	8%	50%	9%

数据来源：根据 UNCOMTRADE 数据库计算所得

由表 3-5 可以看出，除了德国，表中各国和地区的扩展边际都处于高位，说明我国对这几个国家和地区出口水产品多样性较高；扩展边际的值较高并不意味着扩展边际在我国水产品出口这些国家和地区的出口增长中占据较重要的位置，恰恰相反，从 2000～2016 年扩展边际的总体增幅来看，相比较集约边际而言，扩展边际的总体增长幅度较小，没有发挥主要作用。从表中可以看出，这些国家的集约边际的数值很小，但是它们在 2000～2016 年期间的总体增幅较大，说明集约边际增长快速，我国出口到这些国家的水产品主要依靠出口贸易量的扩张。

特别是泰国和马来西亚，集约边际的总体增幅非常巨大，集约边际分别由 2000 年的0.023 和 0.057 增长到 2016 年的 0.447 和 0.689，增幅高达十几倍。而同期的扩展边际的增幅相比而言就要逊色不少。可见，2000～2016 年期间我国出口到泰国和马来西亚的水产品在种类上变化不大，但是原有出口水产品种类的出口量上实现了突飞猛进的增长。

扩展边际的个值较高，其中出口到日本和韩国的水产品扩展边际有的年份都超过 98％，说明在部分年份中国出口到日本和韩国的水产品种类有 98％以上是跟世界出口到这两个国家的水产品种类重合。但是,扩展边际的增幅不大,2000～2016 年间中国水产品出口到最主要的四大贸易伙伴(日本、美国、中国香港和韩国)的总体增幅为零或者负数。说明这 17 年间,我国水产品出口到这四个国家和地区的种类数量没有增加,甚至还在减少,可以判断中国水产品出口四国和地区的市场要么已经饱和,要么出口水产品品种创新速度慢。出口到德国的水产品扩展边际 2000～2016 年期间大多数年份在 50%～60% 之间,说明德国从中国进口的水产品种类还有上升的潜力。

表 3-5(续 1)　2000～2016 年中国水产品出口 21 个国家或地区的
集约边际 IM 和扩展边际 EM

	菲律宾		英国		西班牙		加拿大		俄罗斯		巴西		法国	
	IM	EM	IM	EM	IM	EM	IM	EM	IM	EM	IM	EM	IM	EM
2000	0.081	0.335	0.032	0.447	0.049	0.552	0.051	0.596	0.460	0.179	0.004	0.021	0.021	0.434
2001	0.090	0.416	0.039	0.647	0.034	0.659	0.063	0.594	0.237	0.374	0.001	0.313	0.027	0.426
2002	0.367	0.371	0.048	0.327	0.006	0.614	0.067	0.696	0.250	0.357	0.013	0.021	0.021	0.240
2003	0.635	0.437	0.087	0.424	0.023	0.349	0.098	0.588	0.240	0.408	0.004	0.048	0.029	0.277
2004	0.544	0.517	0.066	0.547	0.032	0.547	0.127	0.606	0.283	0.341	0.012	0.037	0.023	0.415
2005	0.628	0.498	0.061	0.677	0.055	0.599	0.138	0.658	0.184	0.580	0.005	0.241	0.022	0.536
2006	0.673	0.749	0.078	0.708	0.057	0.644	0.136	0.743	0.264	0.495	0.006	0.258	0.035	0.527
2007	0.593	0.731	0.086	0.622	0.056	0.604	0.145	0.722	0.240	0.662	0.080	0.262	0.035	0.532
2008	0.513	0.908	0.083	0.702	0.054	0.588	0.177	0.659	0.265	0.610	0.158	0.265	0.037	0.540
2009	0.617	0.719	0.168	0.510	0.075	0.579	0.219	0.622	0.283	0.533	0.127	0.291	0.014	0.443
2010	0.554	0.861	0.118	0.597	0.082	0.681	0.238	0.630	0.313	0.540	0.296	0.452	0.047	0.518
2011	0.518	0.841	0.091	0.783	0.080	0.713	0.228	0.603	0.346	0.543	0.366	0.506	0.071	0.437
2012	0.570	0.858	0.095	0.735	0.073	0.688	0.193	0.690	0.427	0.492	0.312	0.546	0.057	0.522
2013	0.665	0.725	0.104	0.714	0.084	0.639	0.196	0.674	0.404	0.490	0.307	0.530	0.065	0.439
2014	0.685	0.819	0.127	0.584	0.079	0.668	0.196	0.698	0.382	0.577	0.329	0.503	0.065	0.444
2015	0.731	0.895	0.119	0.607	0.078	0.687	0.174	0.714	0.424	0.540	0.257	0.553	0.080	0.446
2016	0.860	0.915	0.111	0.679	0.087	0.681	0.215	0.709	0.315	0.826	0.241	0.490	0.066	0.509
增幅	956%	173%	247%	52%	79%	23%	326%	19%	−32%	362%	6 349%	2 210%	219%	17%

数据来源:根据 UNCOMTRADE 数据库计算所得

由表 3-5(续 1)可以看出,这组国家跟表 3-5 的 7 个国家和地区的集约边际和扩展边际有着很鲜明的区别。最典型的是,中国水产品出口巴西的两个边际值的变化,集约边际从 2000 年的 0.001 到 2016 年的 0.241,扩展边际从 2000 年的 0.021 到 2016 年的 0.490,总体增幅分别达到 6 349%和 2 210%,这也反映出 17 年间我国水产品出口巴西不管在种类上还是在数量上都增长迅速。中国水产品出口菲律宾的集约边际总体增幅也较大,达到 956%;同时,扩展边际也有高达 173%的增幅,也是实现了种类和数量的双增长。

从表中计算的数据可以发现,中国水产品出口俄罗斯的二元边际有些与众不同,与其他国家集约边际的高增长以及扩展边际的较低增长率不同的是,俄罗斯的集约边际在 2000~2016 年间实现了－32%的负增长幅度,同期的扩展边际却实现了 362%的高增长。单从这两个数据来看,说明这 17 年间我国水产品出口到俄罗斯的增长主要依靠的是产品的广度增长,也就是水产品种类的扩张。这跟前述研究的中国水产品出口到世界以及其他 20 个国家或地区出口增长依赖的边际有所不同。当然这是从总体增幅角度来看的,如果具体看每个年份的集约边际数值的变化,可以发现,2000 年中国水产品出口到俄罗斯的集约边际和扩展边际的数值相比俄罗斯其他年份的数值的大体走势来看,算是个特殊年份数值,如果剔除掉 2000 年数值,研究 2001~2016 年的数值的话,仍然和世界以及其他国家和地区的总体趋势是一致的。

表中其他国家(英国、西班牙、加拿大和法国)都表现出扩展边际的数值大于集约边际数值,而扩展边际的增长幅度小于集约边际的增长幅度的变化趋势,进一步说明了出口增长的贡献不能看集约边际和扩展边际的数值的大小,要由它们对出口增长或者出口份额的贡献率大小来决定的。

表 3-5(续 2) 2000~2016 年中国水产品出口 21 个国家或地区的集约边际 IM 和扩展边际 EM

	墨西哥		新加坡		澳大利亚		印尼		意大利		荷兰		越南	
	IM	EM	IM	EM	IM	EM	IM	EM	IM	EM	IM	EM	IM	EM
2000	0.057	0.251	0.040	0.768	0.020	0.789	0.083	0.802	0.022	0.464	0.034	0.545	0.022	0.757
2001	0.046	0.540	0.054	0.835	0.032	0.780	0.048	0.835	0.021	0.466	0.059	0.495	0.016	0.393
2002	0.125	0.404	0.061	0.823	0.047	0.777	0.131	0.826	0.003	0.440	0.034	0.306	0.206	0.563
2003	0.245	0.653	0.055	0.791	0.082	0.826	0.365	0.749	0.008	0.432	0.052	0.411	0.364	0.732

(续表)

	墨西哥		新加坡		澳大利亚		印尼		意大利		荷兰		越南	
	IM	EM	IM	EM	IM	EM	IM	EM	IM	EM	IM	EM	IM	EM
2004	0.773	0.583	0.083	0.882	0.097	0.810	0.858	0.828	0.009	0.509	0.077	0.570	0.120	0.723
2005	0.600	0.668	0.075	0.894	0.102	0.822	0.366	0.867	0.012	0.553	0.109	0.563	0.214	0.754
2006	0.572	0.737	0.045	0.891	0.126	0.835	0.462	0.855	0.019	0.594	0.111	0.570	0.087	0.850
2007	0.487	0.649	0.047	0.875	0.121	0.832	0.278	0.776	0.023	0.567	0.092	0.641	0.043	0.772
2008	0.431	0.697	0.058	0.863	0.108	0.801	0.414	0.482	0.022	0.637	0.100	0.639	0.063	0.786
2009	0.566	0.758	0.127	0.823	0.108	0.927	0.535	0.757	0.027	0.584	0.097	0.630	0.093	0.830
2010	0.636	0.742	0.123	0.836	0.146	0.858	0.702	0.838	0.038	0.587	0.075	0.742	0.184	0.910
2011	0.578	0.793	0.109	0.866	0.188	0.856	1.175	0.603	0.031	0.729	0.084	0.645	0.169	0.708
2012	0.977	0.612	0.163	0.809	0.177	0.847	1.011	0.544	0.040	0.600	0.077	0.665	0.116	0.792
2013	0.609	0.840	0.288	0.829	0.216	0.806	0.799	0.561	0.045	0.644	0.075	0.638	0.231	0.822
2014	0.458	0.865	0.316	0.827	0.221	0.804	0.538	0.885	0.042	0.627	0.086	0.655	0.082	0.889
2015	0.509	0.854	0.360	0.840	0.212	0.813	0.656	0.607	0.048	0.615	0.092	0.606	0.074	0.886
2016	0.612	0.837	0.312	0.823	0.246	0.818	0.612	0.577	0.050	0.617	0.088	0.493	0.042	0.506
增幅	976%	234%	687%	7%	1 156%	4%	638%	−28%	129%	33%	157%	−10%	89%	−33%

数据来源：根据 UNCOMTRADE 数据库计算所得

表 3-5(续 2)中可以看出：2000～2016 年间，中国水产品出口到墨西哥、新加坡、澳大利亚和印尼四国的增长中，集约边际的总体增幅比较高，说明这期间我国对这些国家水产品出口增长主要依赖集约边际的作用。扩展边际的年份个值大多处于高位(0.6～0.9 之间)，说明我国水产品出口到这四国的种类数与世界出口到它们的种类总数重合度较高。印尼在 17 年间扩展边际的总体增幅为−28%，说明我国水产品出口到印尼的产品种类占世界出口到印尼的种类总数的比重在减少。

我国水产品出口到意大利和荷兰的集约边际和扩展边际与其他的欧盟成员国一样，属于比较稳定的增长变化趋势。越南的集约边际和扩展边际在这组国家中属于不同的一类，它两个边际的数值具有波动性，说明我国水产品出口到越南的出口种类和贸易量的变化也同样具有波动性特征。

结合上述三个表格的数据分析，还可以发现：我国水产品出口到长期稳定贸易伙伴国家或地区时,由于早先比较成熟的贸易关系、市场基本饱和,所以,出口到这些国家或地区的出口增长主要依靠集约边际的作用,这些长期稳定的水产品贸易伙伴如日本、美国、中国香港和韩国等;出口到东盟国家、金砖国家以及新兴国家市场时,则表现出了井喷式增长模式,集约边际和扩展边际都出现增长态势,而且集约边际的增长尤其迅猛,这些国家诸如泰国、马来西亚、菲律宾、新加坡、印尼、墨西哥、巴西和俄罗斯等;出口到欧盟成员国家时,又表现出对这些成员国的变化趋势基本一致并稳定的特征,而且我国水产品到欧盟国家的出口增长主要是由集约边际的作用实现的。

进一步地,按照公式 $IM_{cd}=P_{cd} \times Q_{cd}$ 继续将集约边际拆分为数量边际和价格边际,以便探讨到底是价格效应还是数量效应在我国水产品出口到这 21 个国家或地区的出口增长中起到了关键作用。运用 HK 指数分解方法对我国出口到每个国家或地区水产品的价格和数量边际进行计算,结果见表 3-6、表 3-6(续 1)和表 3-6(续 2)。

表 3-6　2000～2016 年中国水产品出口 21 个国家或地区的数量边际和价格边际

	日本		美国		中国香港		韩国		泰国		马来西亚		德国	
	Q	P	Q	P	Q	P	Q	P	Q	P	Q	P	Q	P
2000	0.199	0.677	0.103	0.544	0.312	0.370	0.404	0.794	0.016	1.408	0.058	0.988	0.141	0.684
2001	0.227	0.695	0.103	0.600	0.314	0.422	0.486	0.804	0.026	0.604	0.067	1.015	0.150	0.653
2002	0.251	0.697	0.135	0.641	0.401	0.415	0.444	0.855	0.047	0.864	0.084	0.962	0.141	0.772
2003	0.246	0.719	0.145	0.670	0.395	0.623	0.434	0.912	0.037	0.714	0.144	1.031	0.202	0.720
2004	0.271	0.760	0.133	0.675	0.407	0.626	0.515	0.876	0.031	0.944	0.278	0.941	0.200	0.755
2005	0.272	0.741	0.156	0.691	0.386	0.621	0.496	0.863	0.032	0.935	0.262	1.125	0.159	0.777
2006	0.309	0.731	0.195	0.714	0.301	0.635	0.482	0.883	0.042	0.895	0.329	1.092	0.220	0.703
2007	0.325	0.690	0.199	0.710	0.325	0.644	0.485	0.788	0.048	0.807	0.318	1.075	0.196	0.727
2008	0.294	0.655	0.230	0.787	0.320	0.716	0.487	0.800	0.092	0.706	0.666	1.177	0.223	0.760
2009	0.275	0.742	0.220	0.802	0.279	0.919	0.422	0.918	0.070	0.924	0.400	1.343	0.219	0.844
2010	0.291	0.767	0.262	0.842	0.301	0.981	0.384	1.115	0.063	1.252	0.428	1.453	0.220	0.912
2011	0.330	0.732	0.240	0.861	0.394	1.036	0.394	1.059	0.089	1.465	0.439	1.581	0.182	0.923
2012	0.302	0.779	0.218	0.843	0.475	1.185	0.366	1.114	0.108	1.644	0.444	1.934	0.130	1.019
2013	0.304	0.832	0.236	0.879	0.490	1.289	0.375	1.067	0.103	2.099	0.434	2.222	0.140	0.972

（续表）

	日本		美国		中国香港		韩国		泰国		马来西亚		德国	
	Q	P	Q	P	Q	P	Q	P	Q	P	Q	P	Q	P
2014	0.308	0.831	0.231	0.858	0.481	1.481	0.381	1.051	0.147	2.366	0.447	2.132	0.149	0.942
2015	0.294	0.917	0.191	0.943	0.453	1.348	0.368	1.034	0.183	2.783	0.314	2.235	0.152	1.023
2016	0.295	0.899	0.200	0.961	0.444	1.237	0.386	0.981	0.293	1.527	0.315	2.189	0.158	0.915
增幅	48%	33%	94%	77%	42%	234%	−5%	24%	1 697%	8%	447%	121%	12%	34%

数据来源：根据 UNCOMTRADE 数据库计算所得

由表 3-6 可以看出：表中 7 个国家或地区的价格边际和数量边际的变化没有统一的趋势。2000～2016 年期间，中国水产品出口到日本的数量边际增长 48%，价格边际增长 33%，说明我国水产品出口日本的贸易增长中依靠数量增长偏多些，价格边际虽然有一定的增长，但是具体数值在 17 年间都是小于 1 的，这说明我国出口到日本的水产品价格低于世界市场平均价格，我国多年来雄踞日本水产品第一进口大国依靠的主要还是出口数量和低廉的水产品价格，这是不利于我国水产品出口长期健康、稳定发展的。这种不利局面在逐渐改善，到 2016 年价格边际已经达到 0.899，与 2000 年的 0.677 已经有了一定幅度的提高。

中国出口到美国的水产品贸易在这期间数量边际增长 94%，价格边际增长 77%，说明我国水产品出口美国的贸易增长依靠数量和价格两者的增长，而且从价格边际的变化趋势来看，虽然出口到美国的水产品平均价格也是低于世界市场平均价格，但也是在不断地优化和向好的方向发展，进一步说明了我国水产品贸易从依赖数量、低价格的低端竞争向提高技术含量和附加值、产品多样化的高端竞争发展的趋势。

与出口日本、美国的情形不同的是，出口到中国香港和韩国的价格边际总体增幅都高于同期数量边际的增长幅度。这说明价格增长在我国水产品出口到中国香港和韩国的贸易增长中发挥了重要作用。我国出口到韩国水产品的数量边际增幅为−5%，出现了负增长，说明出口到韩国的水产品数量还有所下降，所以出口额增长的主要动力来自于水产品出口价格的增长。

出口到泰国和马来西亚的情形较为类似，都是数量边际在出口增长中增幅较大，这说明我国水产品出口到泰国和马来西亚的增长大多来自于贸易数量的扩张。仔细观察其他东盟国家和发展中国家的数值不难发现，我国水产品出口到这些国家的贸易增长的主要贡献者是集约边际中的数量边际，也就是说，我国对这些国家的出口增长还主要依赖于贸易量的增长和扩张。

德国的集约边际和扩展边际的数值和增幅显示，我国水产品出口到德国的增长依赖价格增长更多一些。特别是从 2010 年以来，中国水产品出口到德国的平均价格在 1 左右，已经逐渐改变过去依赖"低价抢占市场份额"的态势，表现出我国水产品出口到德国市场的贸易条件在不断改善和优化中。

表 3-6(续 1)　2000～2016 年中国水产品出口 21 个国家或地区的数量边际和价格边际

	菲律宾		英国		西班牙		加拿大		俄罗斯		巴西		法国	
	Q	P	Q	P	Q	P	Q	P	Q	P	Q	P	Q	P
2000	0.077	1.064	0.048	0.661	0.071	0.690	0.066	0.766	0.149	3.097	0.001	4.339	0.034	0.604
2001	0.161	0.559	0.049	0.801	0.047	0.715	0.073	0.852	0.107	2.203	0.000	2.954	0.041	0.669
2002	0.256	1.431	0.063	0.757	0.008	0.730	0.092	0.730	0.128	1.958	0.004	2.816	0.029	0.718
2003	0.373	1.705	0.098	0.890	0.036	0.656	0.139	0.702	0.118	2.043	0.002	1.963	0.047	0.617
2004	0.373	1.457	0.081	0.816	0.044	0.731	0.166	0.763	0.161	1.757	0.006	2.040	0.037	0.614
2005	0.339	1.850	0.070	0.861	0.082	0.677	0.159	0.868	0.133	1.382	0.002	3.360	0.033	0.671
2006	0.402	1.677	0.099	0.787	0.084	0.680	0.166	0.819	0.240	1.102	0.006	0.943	0.053	0.662
2007	0.495	1.198	0.119	0.724	0.082	0.677	0.181	0.799	0.217	1.106	0.116	0.694	0.053	0.662
2008	0.406	1.265	0.107	0.776	0.077	0.699	0.201	0.877	0.220	1.206	0.239	0.662	0.056	0.661
2009	0.379	1.628	0.172	0.977	0.091	0.827	0.229	0.953	0.208	1.360	0.151	0.845	0.062	0.235
2010	0.283	1.957	0.127	0.925	0.093	0.883	0.250	0.955	0.195	1.602	0.302	0.980	0.053	0.888
2011	0.397	1.303	0.100	0.917	0.085	0.942	0.228	0.997	0.215	1.605	0.439	0.832	0.080	0.885
2012	0.417	1.366	0.099	0.963	0.073	1.000	0.186	1.036	0.225	1.901	0.401	0.779	0.059	0.972
2013	0.510	1.304	0.105	0.994	0.095	0.880	0.181	1.083	0.199	2.029	0.371	0.827	0.068	0.955
2014	0.400	1.711	0.142	0.894	0.092	0.857	0.178	1.101	0.218	1.750	0.361	0.911	0.075	0.869
2015	0.377	1.937	0.126	0.943	0.080	0.979	0.152	1.148	0.264	1.608	0.281	0.914	0.083	0.955
2016	0.420	2.045	0.111	0.996	0.090	0.971	0.183	1.175	0.210	1.502	0.238	1.011	0.072	0.914
增幅	449%	92%	130%	51%	27%	41%	177%	53%	41%	−52%	27 588%	−77%	111%	51%

数据来源：根据 UNCOMTRADE 数据库计算所得

由表 3-6(续 1)可以看出，表中 7 个国家除西班牙外，其他 6 国的价格边际和数量边际的变化趋势类似，都是数量边际的增幅比价格边际的增幅要大。有的国家,如俄罗斯和巴西,价格边际在2000～2016年间甚至出现了负增长。所以可以初步判断,17年间我国水产品出口到上述6国的贸易增长主要依靠数量增长的拉动,数量边际起关键作用。

西班牙的数量边际和价格边际的增幅分别为27%和41%,数量和价格增长在出口增长中起的作用差距不大,价格边际贡献可能稍大些。

这组7个国家的价格边际数值也反映出我国水产品出口在这些国家的贸易条件有所差异:英国、西班牙和法国的价格边际都是从2000年的0.6左右到2016年的接近1,说明我国水产品出口到这3个国家都是从起先的低价策略慢慢在改善和优化,到现在的基本与世界市场价格持平,我国水产品基本上摆脱了"低价占据市场份额"的低端竞争局面。出口到菲律宾和俄罗斯的平均价格大多数时间是高于世界市场平均价格的,表现在数值上就是表中的两国价格边际数值大于1,也说明我国对这两个国家的水产品出口走的是高端产品、高附加值的路子。查询我国对两国水产品出口的原始数据也可以印证这个结论:中国出口到菲律宾和俄罗斯的水产品主要有金枪鱼、基围虾、对虾、螃蟹和一些软体类水产品。

出口到加拿大的水产品价格边际由2000年的0.766到2016年的1.175,虽然中间有几年不大规则的波动,但是总体趋势是增长的,而且从2000年低于世界市场平均价格到2016年高于世界市场平均价格,反映出我国水产品出口加拿大的贸易条件在不断优化,我国的国际贸易地位在不断改善中,当然,从数量和价格边际的增幅来看,我国水产品出口加拿大的贸易增长的主要贡献角色还是落在数量增长上。

这组国家中比较特别的是巴西了,从数量边际和价格边际的总体增幅来看,巴西的这两个值分别为27 588%和-77%,这意味着我国水产品出口巴西的贸易深度的增长基本全靠贸易数量增长,而同期的价格是负增长,反而起到了抑制作用。

表3-6(续2)　2000～2016年中国水产品出口21个国家或地区的数量边际和价格边际

	墨西哥		新加坡		澳大利亚		印尼		意大利		荷兰		越南	
	Q	P	Q	P	Q	P	Q	P	Q	P	Q	P	Q	P
2000	0.069	0.824	0.053	0.750	0.020	1.002	0.050	1.653	0.036	0.595	0.046	0.739	0.026	0.855
2001	0.059	0.775	0.071	0.760	0.037	0.842	0.045	1.070	0.035	0.589	0.082	0.724	0.039	0.401

（续表）

	墨西哥		新加坡		澳大利亚		印尼		意大利		荷兰		越南	
	Q	P	Q	P	Q	P	Q	P	Q	P	Q	P	Q	P
2002	0.137	0.910	0.081	0.751	0.050	0.933	0.132	0.995	0.004	0.785	0.051	0.667	0.231	0.894
2003	0.268	0.916	0.066	0.836	0.094	0.877	0.392	0.931	0.012	0.707	0.073	0.706	0.530	0.688
2004	0.371	2.082	0.086	0.973	0.102	0.944	0.748	1.147	0.014	0.609	0.107	0.725	0.196	0.610
2005	0.629	0.954	0.095	0.794	0.104	0.976	0.276	1.325	0.022	0.535	0.143	0.759	0.346	0.618
2006	0.665	0.859	0.062	0.713	0.131	0.965	0.275	1.677	0.030	0.659	0.133	0.835	0.129	0.677
2007	0.617	0.789	0.067	0.698	0.128	0.950	0.208	1.335	0.036	0.645	0.098	0.945	0.057	0.752
2008	0.607	0.709	0.078	0.739	0.112	0.966	0.321	1.288	0.030	0.747	0.109	0.922	0.085	0.739
2009	0.509	1.112	0.134	0.945	0.105	1.030	0.440	1.215	0.033	0.808	0.140	0.696	0.080	1.161
2010	0.542	1.172	0.134	0.923	0.136	1.070	0.386	1.821	0.041	0.928	0.065	1.143	0.097	1.901
2011	0.502	1.150	0.030	3.606	0.162	1.163	0.559	2.102	0.032	0.960	0.082	1.023	0.077	2.186
2012	0.860	1.136	0.126	1.290	0.149	1.188	0.451	2.244	0.032	1.100	0.071	1.079	0.056	2.047
2013	0.465	1.311	0.188	1.529	0.166	1.299	0.460	1.736	0.043	1.047	0.069	1.095	0.170	1.362
2014	0.362	1.267	0.184	1.721	0.173	1.277	0.312	1.725	0.039	1.078	0.079	1.086	0.066	1.253
2015	0.386	1.319	0.193	1.867	0.133	1.594	0.323	2.029	0.042	1.152	0.081	1.142	0.074	0.998
2016	0.479	1.278	0.214	1.458	0.173	1.424	0.358	1.711	0.045	1.106	0.084	1.045	0.039	1.096
增幅	594%	55%	304%	94%	784%	42%	613%	3%	23%	86%	81%	41%	48%	28%

数据来源：根据 UNCOMTRADE 数据库计算所得

　　表 3-6（续 2）中的 7 个国家除意大利外，其他 6 国的数量边际和价格边际的变化总趋势比较一致，都是数量边际的总体增幅要大于价格边际的增幅，这说明我国水产品出口到这 6 个国家的贸易增长主要依靠贸易数量的增长。跟上面对其他国家的分析类似，本组国家中除印尼之外，其他国家的价格边际具体数值表现出先小于 1 然后逐渐增加到大于 1，说明我国出口到这 6 个国家的水产品价格从早先的低于世界市场平均价格到逐步地高于世界市场价格，从价格战式的贸易逐渐进化为有技术含量和附加值式的贸易，贸易条件和贸易地位不断在提高的进程中。

　　综合表 3-6、表 3-6（续 1）和表 3-6（续 2）来看，我国水产品出口到东盟国家的贸易增长主要依赖数量边际的增长，而且对大多数东盟国家的价格边际均大于 1,说明我国出口到东盟国家的水产品价格高于世界市场平均价格,中国在与东盟国家的水产品贸易中处于有利的、优势的地位。类似情形也适用于俄罗斯、巴西这样的新兴国家和发展中国家。

中国水产品出口到日本、美国、韩国和欧盟成员国等这些发达国家的贸易深度增长到底是更多地依赖数量边际还是更多地依赖价格边际就有些复杂多变了,不如新兴国家和发展中国家那么显而易见,不过它们也有共同之处,那就是价格边际基本上都呈现出先抑后扬的上升走势,虽然有些国家中间有些年份出现不均匀波动,仍然不改变这种总体上升趋势,也进一步说明了我国出口到发达国家的水产品平均价格逐渐与世界市场平均价格持平甚至超越的发展进程,中国在逐步地改善以前依靠低价格抢占国外水产品市场份额的局面,我国水产品的国际贸易地位在不断地优化和提升。

3.3.2 中国水产品出口世界的二元边际横截面特征

在分析了中国水产品出口到 21 个国家或地区的集约边际和扩展边际,初步得到了我国出口个体国家的二元边际横截面特征之后,有必要从整体角度去探讨我国出口世界的二元边际横截面特征。

这里主要运用前述的加权的求解方法:

$$IM_c = \prod_{d \in D} IM_{cd}{}^{\alpha cd}$$

$$EM_c = \prod_{d \in D} EM_{cd}{}^{\alpha cd}$$

其中,IM_c 表示中国水产品出口世界的集约边际,IM_{cd} 是前面已经计算出来的中国水产品出口到 21 个国家或地区的集约边际个值;EM_c 表示中国水产品出口世界的扩展边际,EM_{cd} 表示中国水产品出口到 21 个国家或地区的扩展边际个值;α_{cd} 表示对 21 个国家或地区的水产品出口占中国水产品总出口的比重。

同样的方法也可以求解中国水产品出口世界的价格边际和数量边际:

$$P_c = \prod_{d \in D} P_{cd}{}^{\alpha cd}, Q_c = \prod_{d \in D} Q_{cd}{}^{\alpha cd}$$

其中,P_c 和 Q_c 分别表示中国水产品出口世界的价格边际和数量边际。这样,可以得到 2000~2016 年中国水产品出口世界的集约边际、扩展边际、价格边际和数量边际,结果详见表 3-7 和图 3-1。

表 3-7　2000~2016 年中国水产品出口二元边际分解

年份	扩展边际	集约边际	数量边际	价格边际
2000	0.884 5	0.126 4	0.190 1	0.664 7
2001	0.867 9	0.148 1	0.212 0	0.698 6
2002	0.868 6	0.169 0	0.237 1	0.712 7
2003	0.852 6	0.182 4	0.241 4	0.755 6
2004	0.855 1	0.210 2	0.263 9	0.796 7
2005	0.890 8	0.202 1	0.258 6	0.781 4
2006	0.869 2	0.221 9	0.282 7	0.784 8
2007	0.862 0	0.220 5	0.289 4	0.761 8
2008	0.823 4	0.232 7	0.295 0	0.789 0
2009	0.832 0	0.256 9	0.292 9	0.877 2
2010	0.816 4	0.285 5	0.299 6	0.952 9
2011	0.832 8	0.304 2	0.311 7	0.975 7
2012	0.860 0	0.320 7	0.311 2	1.030 4
2013	0.840 8	0.354 6	0.327 7	1.082 3
2014	0.847 6	0.368 8	0.333 5	1.105 8
2015	0.872 3	0.365 2	0.316 4	1.154 4
2016	0.857 5	0.362 1	0.331 4	1.092 6
总体增幅	−3.1%	186.6%	74.3%	64.4%

数据来源:根据 UNCOMTRADE 数据库计算所得

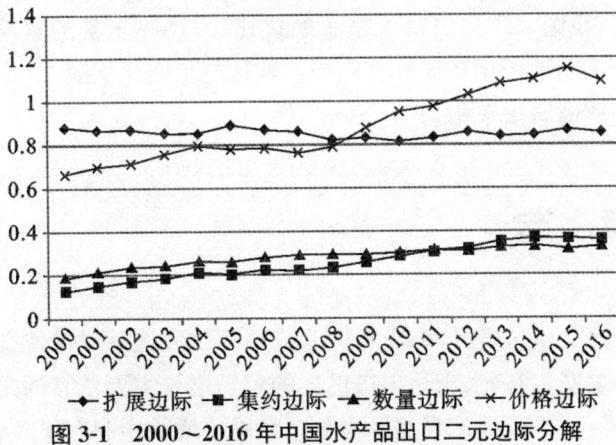

图 3-1　2000~2016 年中国水产品出口二元边际分解

由表 3-7 可以看出,中国水产品出口世界的扩展边际的值比较稳定,从 2000 年的 0.884 5 到 2016 年的 0.857 5,17 年间的总体变化幅度不大,只有 3.1％的下降。可见,扩展边际的值虽然处于高位,但是由于比较稳定,对我国水产品出口世界的贸易增长影响程度不大。这种变化趋势也可以从图 3-1 很明显地看出来,图 3-1 中,扩展边际是一条比较平缓的处于高位的曲线,相比较其他三条曲线上升的趋势来看,它更接近一条平行于横轴的线。与扩展边际的这种曲线特征形成对比的是集约边际变化曲线,它虽然处于图形的底部,但是上升趋势特别明显,呈现出爬坡式增长。

从表 3-7 的数据中也可以得到验证,集约边际的数值由 2000 年的 0.126 4 到 2016 年的 0.362 1,17 年间的总体增长幅度为 186.6％。相比扩展边际 -3.1％的增长率,集约边际的增长可以说是占有绝对优势的。所以,2000～ 2016 年间中国水产品出口世界增长的主要贡献角色是集约边际。也就是说,我国水产品出口增长主要依赖产品的深度增长,大部分靠现有的出口水产品的数量扩张。这也与前面分析 21 个国家或地区的个体情况得出的结论吻合。

表 3-7 还给出了中国水产品出口世界的集约边际的分解——价格边际和数量边际的具体计算结果。数量边际由 2000 年的 0.190 1 到 2016 年的 0.331 4, 17 年间的总体增长幅度为 74.3％。而价格边际由 2000 年的 0.664 7 到 2016 年的 1.092 6,17 年间的总体增长幅度为 64.4％。单从增幅来判断,2000～2016 年间中国水产品出口世界的贸易深度增长中,数量边际的贡献更大一些。

总体来看,价格边际的整体走势透露出一个信息:由早先的不及世界水产品市场平均价格的一半到 2012 年开始并且一直延续到现在的超过世界水产品市场平均价格,我国水产品出口价格不断优化,水产品贸易的贸易条件和国际贸易地位处于不断地优化和提升进程中。这种趋势变化从图 3-1 价格边际的走势也是很容易能够看出来的。

3.4 本章小结

对中国水产品出口世界和 21 个国家或地区二元边际时序特征和横截面特征的分析结果表明,我国水产品出口世界的贸易增长主要依靠的是集约边际的增长,也就是说,贸易量的扩张在我国水产品出口增长中起到了关键性作用;将集约边际进一步分解为价格边际和数量边际后,我国水产品出口世界增长更多地依赖集约边际中的数量边际,而且水产品平均价格存在着先抑后扬的变化轨迹,这也说明我国水产品出口逐步摆脱靠低价策略抢占国外市场份额的低端竞争局面;出口各个国家或地区的贸易增长中,集约边际仍然发挥主要作用,但是究竟是更依赖价格边际还是更依赖数量边际就因国而异了:东盟、巴西等发展中国家,集约边际的主要贡献者就是数量边际,而且对这些国家的价格边际数值均大于1,显示我国出口到发展中国家的水产品平均价格高于世界水产品市场平均价格,我国水产品在对发展中国家的出口中处于优势地位;日本、美国、欧盟等发达国家,集约边际的主要贡献者没有普遍规律,在研究的所有21个国家或地区中,属于发达成员方的共有13个,在2000~2016年间数量边际发挥了主要作用的有英国、加拿大、法国、新加坡、澳大利亚和荷兰这6国,价格边际作用更突出的有中国香港、韩国、德国、意大利和西班牙。日本和美国虽然从测算结果来看,数量边际增长较价格边际增长的幅度更大,但是没有其他国家或地区两者的差距那么明显。这13个发达成员方在价格边际方面具有共同的变化趋势,总体是上行的。也就是说,我国水产品出口到发达国家时,先是走的低价格占领市场,然后逐渐提升技术含量和产品附加值,摆脱早先低端竞争的路径。

4 中国水产品出口二元边际的
动态分布演进

关于中国水产品出口二元边际的时序和横截面特征分析都只是从个体方面量化各个边际,为了全面分析二元边际的整体分布特点,下面采用核密度估计技术来分析我国水产品出口二元边际的动态分布演进。

4.1 动态分布演进研究方法

核密度估计是动态分布演进研究常用的方法,相比较非参数概率密度函数和传统参数估计来说,核密度估计方法[①]具有普遍性,它不需要对分布数据作任何假定。以往方法中的这些关于分布数据的假定一般都与实际情况不符,容易导致估计值和实际值之间存在较大误差。核密度估计方法运用平滑连续的曲线代替直方图,能够更好地将随机变量的动态分布展现出来。

设 X 为 n 维的随机向量,样本为 X_1、X_2、$X_3 \cdots X_n$,且满足独立同分布,f_x 为密度函数,则密度函数的核估计式为:

$$f_n(x) = \frac{1}{nh_n} \sum_{i=1}^{n} K\left(\frac{x - X_i}{h_n}\right) \tag{4.1}$$

其中,n 为观测值的个数,$K(\cdot)$ 为核函数,h_n 称为带宽或光滑参数。由核密度估计式可知,给定一组样本,一个核密度估计性能的好坏,取决于核函数及带宽的选取。核密度估计的带宽 h_n 越小,估计的偏差越小,方差越大,也就是曲线不光滑;但如果带宽 h_n 过大,估计的方差变小,但偏差非常大,曲线过于光滑。所以,带宽 h_n 的选择要在估计的偏差和方差之间做一个选择,使积分均方误差达

---

① Ruppert D, Cline D B H. Bias Reduction in Kernel Density Estimation by Smoothed Empirical Transformations[J]. Annals of Statistics,1994,22(1):185-210.

到最小。带宽的选择方法大都采用 Silverman[1] 的 Rule of thumb(拇指法则)作为产生近似带宽的方法:

$$h_n = \frac{0.9\,\hat{\sigma}}{n^{1/5}}$$

$$\text{这里,}\hat{\sigma} = \min\left\{s, \frac{Q}{1.349}\right\}$$

其中,s 为样本标准差,Q 为四分位数间距。常用的一维核函数形式包括均匀核、高斯核、Epanechinkov 核、三角核和四次核等类型。核函数 K 的选取对于核密度估计的结果影响较小,本书选用高斯核函数,它也是最为常用的核函数,其公式为:

$$K(x) = \frac{1}{\sqrt{2\pi}}\exp\left(-\frac{1}{2}x^2\right) \tag{4.2}$$

4.2　中国水产品出口总体变化趋势

从总体角度分析中国水产品出口增长的趋势,最简单的方法是从出口额、出口数量和出口价格等方面来分析它的动态变化过程。但是由于这三个指标的单位、数值等都不是在一个层次上,要从统一的角度讨论它们的变化走势,或者说要在同一幅图上反映出它们的变化有些困难,所以假定公式:

$$\text{RX} = \frac{X_{2016} - X_{2000}}{X_{2016} + X_{2000}} \tag{4.3}$$

这个公式可以分析指标 X 在 2000 年和 2016 年间的变化趋势,RX 这个指标的最大优点在于它的有界性,它的分布介于(-1,1)之间。若 X 在观察期间内没有太大变化时,RX 的值在 0 点附近;如果 2016 年与 2000 年相比有较大增长,则 RX 的值在 1 点附近,作为极限值,若X_{2016}无穷大,那么 RX 的值趋向于 1;如果 2016 年与 2000 年相比有较大减少,则 RX 的值在-1 点附近,作为极限值,若X_{2016}为 0,那么 RX 的值为-1。由上可以看出,这个公式的最大好处就是无论指标 X 具体的现实意义是什么,几个不同的指标可以放到同一个尺度上进行比较。具体到本书,依次选取 2016 年和 2000 年中国水产品出口到 21 个

[1]　Silverman. Density Estimation for Statistics and Data Analysis[M]. Chapman & Hall/CRC, 1986.

国家或地区的出口额、出口数量和出口价格三个指标,分别计算出这三个指标的相应 RX 值,然后看相应 RX 值的核密度分布,从而判断出中国水产品出口的出口额、数量和价格的变化趋势。

表 4-1　中国水产品出口 21 个国家或地区出口额、数量和价格的 RX 值

年份 国家	出口额(亿美元)		RXex	数量(亿千克)		RXq	价格(美元/千克)		RXp
	2016	2000		2016	2000		2016	2000	
日本	35.90	20.16	0.28	5.91	5.89	0.001	6.08	3.42	0.28
美国	30.21	5.24	0.70	5.47	1.83	0.50	5.52	2.86	0.32
中国香港	19.39	2.22	0.79	2.11	1.35	0.22	9.20	1.65	0.70
韩国	16.36	4.32	0.58	5.23	2.84	0.30	3.13	1.52	0.35
泰国	11.04	0.14	0.97	2.51	0.04	0.97	4.40	3.67	0.09
马来西亚	5.74	0.14	0.95	0.89	0.12	0.77	6.42	1.22	0.68
德国	4.51	1.08	0.61	1.35	0.75	0.29	3.35	1.44	0.40
菲律宾	5.57	0.03	0.99	1.50	0.07	0.91	3.70	0.43	0.79
英国	3.28	0.33	0.81	0.68	0.13	0.68	4.80	2.60	0.30
西班牙	4.28	0.94	0.64	1.02	0.32	0.53	4.19	2.95	0.17
加拿大	4.37	0.42	0.82	0.66	0.17	0.59	6.60	2.53	0.45
俄罗斯	4.33	0.15	0.93	0.96	0.11	0.79	4.49	1.29	0.55
巴西	1.41	0.01	1.00	0.44	0.001 5	1.00	3.17	6.82	−0.37
法国	2.12	0.27	0.77	0.55	0.16	0.56	3.88	1.73	0.38
墨西哥	4.29	0.02	0.99	0.93	0.01	0.97	4.61	1.54	0.50
新加坡	2.97	0.17	0.89	0.28	0.07	0.62	10.44	2.59	0.60
澳大利亚	3.04	0.09	0.94	0.46	0.03	0.88	6.59	3.02	0.37
印尼	1.29	0.03	0.95	0.55	0.07	0.78	2.36	0.46	0.67
意大利	1.89	0.26	0.76	0.33	0.08	0.60	5.63	3.11	0.29
荷兰	1.66	0.20	0.78	0.34	0.10	0.55	4.92	2.07	0.41
越南	1.16	0.01	0.99	0.50	0.01	0.97	2.32	0.94	0.42

数据来源:根据 UNCOMTRADE 数据库计算所得

　　由表 4-1 可以看出,计算后的中国水产品出口到 21 个国家或地区的出口额、出口数量和出口价格 RX 值大多数在 0 与 1 之间,说明我国水产品出口到 21 个国家或地区的出口额、数量和价格大部分在增长,而且出口额和出口数量的 RX 值相比于出口价格的 RX 值来说,数值更大一些,说明出口额和数量在 2000 年到 2016 年之间变化得更剧烈一些。

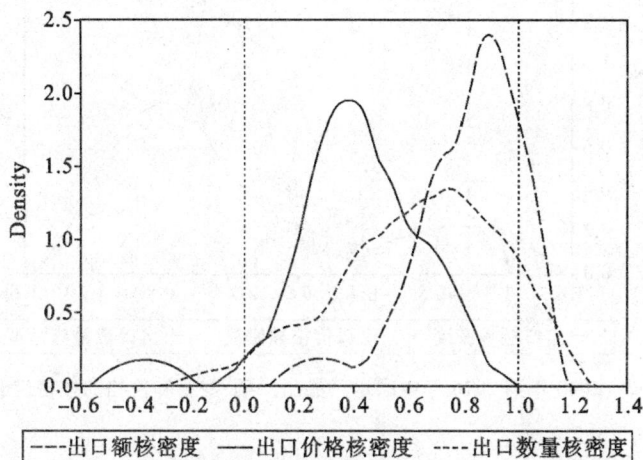

图 4-1　2000 年到 2016 年中国水产品出口到 21 个国家或地区
出口额、数量和价格的核密度分布

　　从图 4-1 三者的核密度分布也可以看出:出口额和数量的核密度分布均值比较靠近,都超过 0.8;价格的核密度分布均值接近 0.4,表现为价格的核密度分布线左偏离出口额和数量的核密度分布曲线,而且出口额核密度呈现出尖峰厚尾的形态,说明出口额的变化集中出现在某些特定国家。相比较而言,数量的核密度变化在 21 个国家或地区间分布较为均匀。从图中出口额、数量和价格的核密度分布曲线的位置来看,价格核密度分布均值相比数量核密度分布均值更接近 0,也就是说,要形成出口额目前的变化程度,价格变化的程度小于数量变化的程度,由此图得出,2000 年到 2016 年整个阶段的出口额增长更多地归结于数量的大幅扩张。

　　上述分析从 21 个国家或地区把水产品作为整体从出口额、数量和价格等方面讨论了我国水产品从 2000 年到 2016 年的动态变化趋势,得到了数量对水产品出口额增长发挥更为重要作用的结论。

　　按本书的水产品研究范围,水产品包含了 HS03 章下 296 种六位数编码商品,具体到中国出口到世界的水产品情况,涉及 2000 年和 2016 年的水产品种类共有 101 种,所以从产品种类方面来把握我国水产品出口增长的变化趋势。

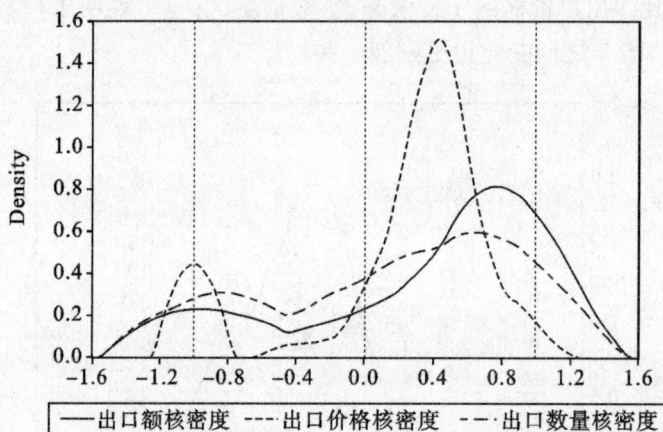

图 4-2 2000 年到 2016 年中国水产品出口额、数量和价格的核密度分布

图 4-2 是 2000 年到 2016 年我国水产品出口额、数量和价格的核密度分布,从图中可以看出:出口额和数量的均值比较接近,而且从图 4-2 核密度分布形态来看,2000 年到 2016 年间我国水产品出口额和数量在全部种类中核密度变化分布比较均匀,而价格的核密度呈现出尖峰厚尾的形态,说明价格的变化集中出现在某些特定商品上。从图中出口额、数量和价格的核密度分布曲线的位置来看,价格核密度分布均值相比数量核密度分布均值更接近 0,也就是说,要形成出口额目前的变化程度,价格变化的程度小于数量变化的程度,这期间我国水产品出口额的大幅增加更多地得益于出口数量的扩张。这与前面对 21 个国家或地区的核密度分布的分析结果是一致的。

4.3 中国水产品出口二元边际的动态分布

上面分析了 2000~2016 年中国水产品出口世界和 21 个国家或地区的集约边际、扩展边际、集约边际分解后的价格边际和数量边际的具体数值,以及总体的变化趋势。这里截取 2000 年、2009 年和 2016 年三年数据采用核密度估计方法以求能够更进一步地了解这些指标的数据分布及动态演进。

图 4-3 是中国水产品出口增长二元边际的动态分布演进过程。

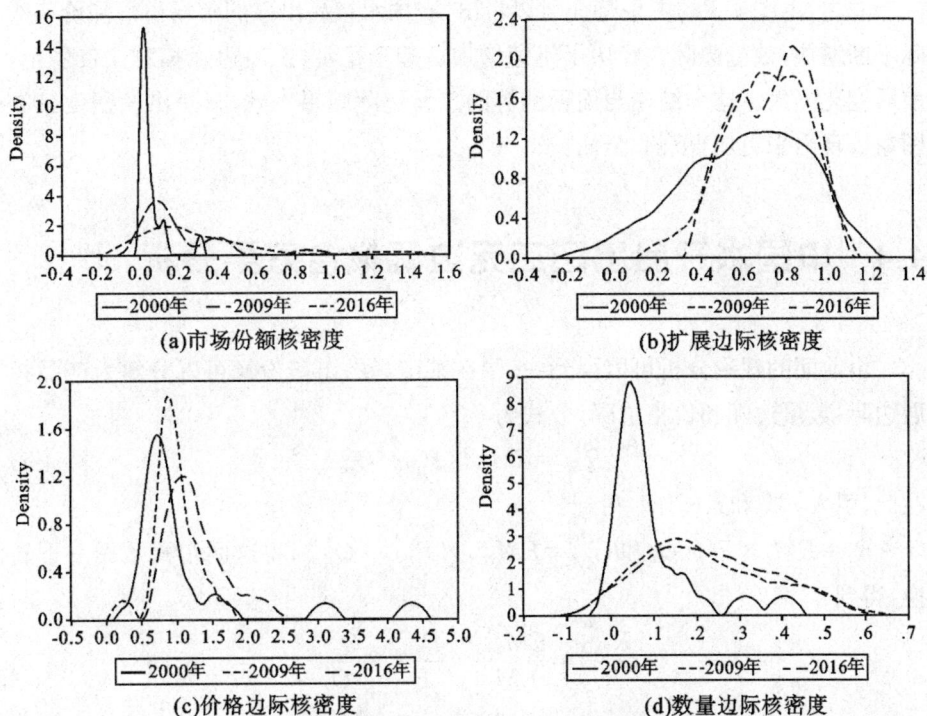

(a)市场份额核密度

(b)扩展边际核密度

(c)价格边际核密度

(d)数量边际核密度

图 4-3 中国水产品出口二元边际动态分布

从图中可以看出,(a)图的市场份额核密度分布图象和峰值不断向右移动,说明我国水产品出口到 21 个国家或地区占 21 个国家或地区所有水产品进口的份额不断增加。(b)图的扩展边际核密度分布图象有上移和轻微右移趋势,峰值没有太大变化,说明我国水产品出口到 21 个国家或地区扩展边际增加不太明显,从这三期变化情况来看,变化不大。(c)图的价格边际核密度分布图象和峰值不断向右移动,说明我国水产品出口到 21 个国家或地区的价格指数不断增加,同时可以发现价格指数由 2000 年的均值小于 1 到 2009 年的均值接近 1 再发展到 2016 年的均值大于 1,说明我国水产品出口平均价格也发生了由低于世界水产品市场平均价格到接近这个价格再超过世界水产品市场平均价格的转变。(d)图的数量边际核密度分布图象和峰值在 2000 年和 2009 年期间不断右移,说明我国水产品出口到 21 个国家或地区的数量指数不断增加,2009 年与 2016 年的数量边际核密度分布曲线形状基本相同而且峰值也较为接近,说明这两个年份的数量指数比较稳定,没有太大变化。

总之,由图 4-3 的图象特征可以看出,我国水产品出口的市场份额和价格边际不断增加,数量边际在经历了迅速增加后趋于稳定,扩展边际相对比较稳定,前后变化不大。这个结论与前面测算的二元边际结果一致,只是由核密度分布图象表现出来更加直观和全面。

4.4 中国水产品出口二元边际拟合效果分析

由前面的理论分析可以得到:一国在某市场的出口份额可以分解为产品扩展边际、数量边际和价格边际,公式为

$$R_{cd} = EM_{cd} \times P_{cd} \times Q_{cd} \tag{4.4}$$

在此,引入 t 期和 $t+i$ 期,得到:

$R_t = EM_t \times P_t \times Q_t$ 和 $R_{t+i} = EM_{t+i} \times P_{t+i} \times Q_{t+i}$,将这两个式子做一下转换,得到:

$$\frac{R_{t+i}}{R_t} = \frac{EM_{t+i}}{EM_t} \times \frac{P_{t+i}}{P_t} \times \frac{Q_{t+i}}{Q_t} \tag{4.5}$$

$$R_{t+i} = R_t \times \frac{EM_{t+i}}{EM_t} \times \frac{P_{t+i}}{P_t} \times \frac{Q_{t+i}}{Q_t} \tag{4.6}$$

从(4.6)式可以看出,某国 t 期的商品贸易份额可以通过扩展边际、价格和数量边际的变化达到 $t+i$ 期的贸易份额。同时,公式(4.6)也提供了一种考察不同因素对贸易份额变化影响的思路:

假设 R_{t+i} 服从 $v(x)$ 分布,$R_t \times \dfrac{P_{t+i}}{P_t}$ 服从 $w(x)$ 分布,

用核密度估计方法,对 R_{t+i} 和 $R_t \times \dfrac{P_{t+i}}{P_t}$ 进行单因素模拟,如若两个指标的图象吻合得比较好而且均值较为接近,那么说明分布 $v(x)$ 和 $w(x)$ 几近相同,R_t 主要是通过价格边际的影响达到 R_{t+i}。也就是说,在仅考虑价格边际因素影响情况下,$w(x)$ 能够较好拟合 R_{t+i},则说明在 R_t 变化到 R_{t+i} 的过程中,价格边际起到主要作用,其他两个因素的影响不明显。

如果 $w(x)$ 对 R_{t+i} 拟合得不好,则说明价格边际不是主要影响因素。此时

就可以进行其他因素的拟合,单因素拟合都不是很理想的情况下,还可以进一步进行双因素的拟合和验证,直到得到理想的结果。

4.4.1　2000～2016 年中国水产品出口二元边际的单、双因素模拟

二元边际对我国水产品出口增长的影响采用上述方法展开讨论,首先选择 2000 年为 t 期,2016 年为 $t+i$ 期,由于前面已经测算了 2000～2016 年中国水产品出口到 21 个国家或地区的扩展边际、集约边际、数量边际和价格边际的具体数值以及所占市场份额,所以这里可以直接根据公式(4.6)对扩展边际、数量边际和价格边际进行单因素模拟,模拟结果如图 4-4 所示。

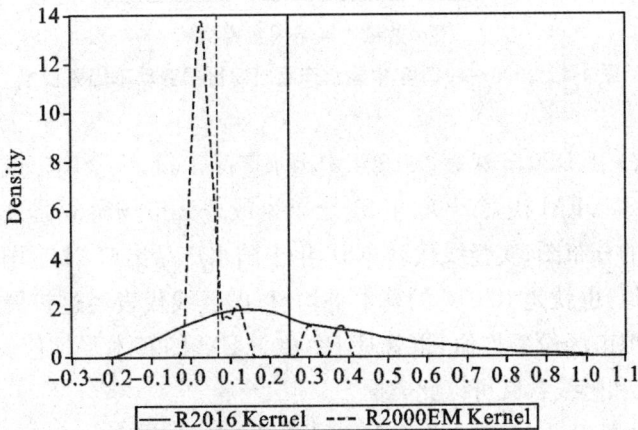

(a)扩展边际单因素模拟

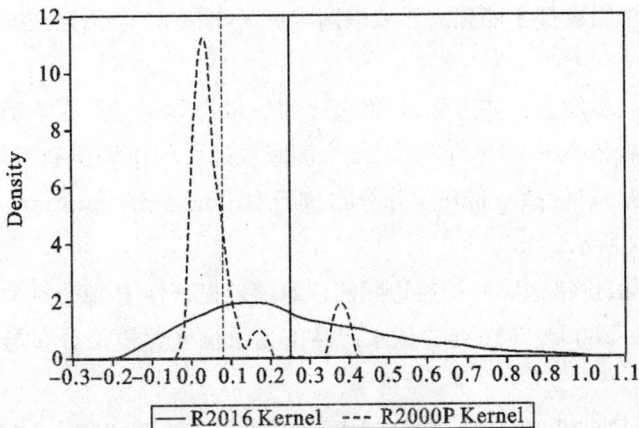

(b)价格边际单因素模拟

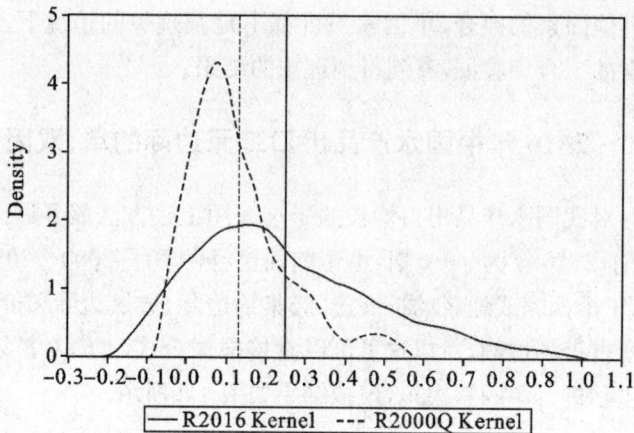

（c）数量边际单因素模拟

图 4-4 2000～2016 年中国水产品出口份额变动单因素模拟

图 4-4(a)中，R2016 代表 2016 年中国水产品出口 21 个国家或地区市场份额分布图；R2000EM 代表 2000 年 21 个国家或地区市场份额通过扩展边际单因素影响后的分布图；实竖线代表 2016 年中国水产品出口 21 个国家或地区市场份额的均值，也就是 R2016 的算术平均值；虚竖线代表经过扩展边际单因素模拟后的模拟市场份额均值，也就是 R2000×EM 的算术平均值。图 4-4(b)、(c)中的图象和竖线含义可以此类推。

由图 4-4 可以看出，三个单因素模拟的拟合效果都不好，模拟分布的峰值和均值与实际分布的峰值和均值都有较大差异，这说明扩展边际、价格边际和数量边际这三个因素都不能独立导致中国水产品出口 21 个国家或地区的市场份额变化。

为了进一步检验扩展边际、价格边际和数量边际这三个因素都不能独立导致中国水产品 2000～2016 年出口 21 个国家或地区的市场份额变化这一结论，运用 SPSS19.0 对模拟分布和实际分布进行 Kolmogorov-Smirnov 检验[1]，检验结果如表 4-2 所示。

数量边际、价格边际和扩展边际的双侧渐近显著性 P 值分别为 0.194、0.006 和 0.002，说明 2000～2016 年中国水产品市场份额变化模拟分布与实际分布的

---

[1] Lilliefors H. On the Kolmogorov-Smirnov Test for Normality with Mean and Variance Unknown[J]. Publications of the American Statistical Association, 1967, 62(318):399-402.

拟合效果不理想。按照前述思路,进一步进行双因素模拟,研究结果见图 4-5。

表 4-2　2000～2016 年单因素模拟的 K-S 检验结果

		R2000Q	R2000P	R2000EM
最极端差别	绝对值	0.333	0.524	0.571
	正	0.333	0.524	0.571
	负	0.000	0.000	0.000
Kolmogorov-Smirnov Z		1.080	1.697	1.852
渐近显著性(双侧)		0.194	0.006	0.002

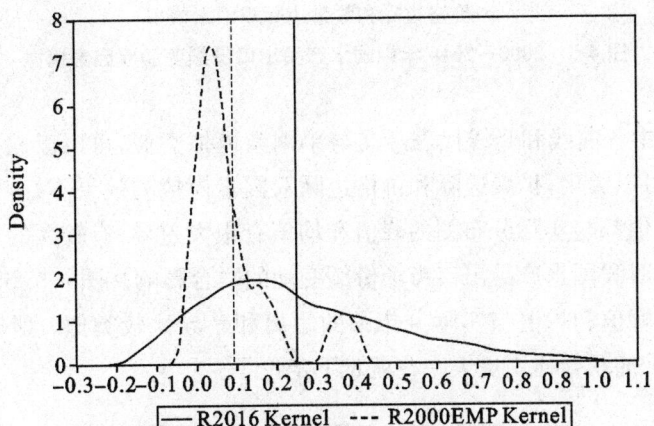

(a)扩展边际和价格边际双因素模拟

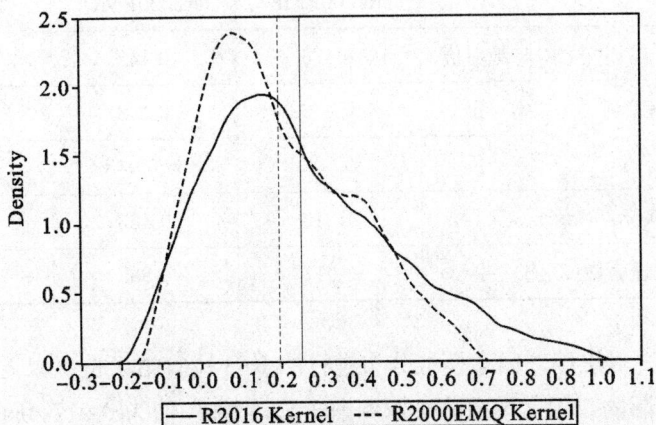

(b)扩展边际和数量边际双因素模拟

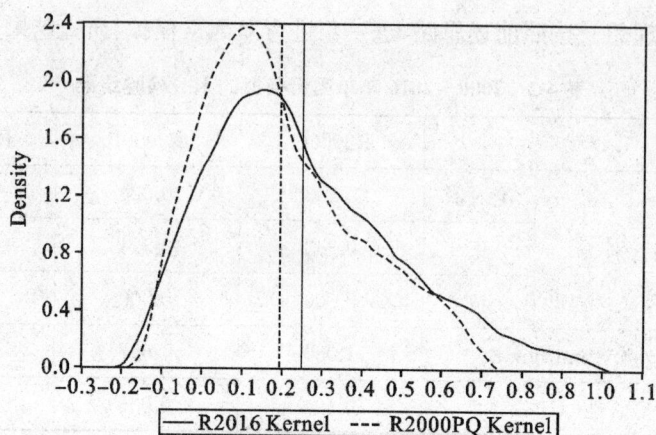

(c)价格边际和数量边际双因素模拟

图4-5 2000～2016年中国水产品出口份额变动双因素模拟

图4-5中各曲线和竖线代表意义与单因素模拟类似,可以以此类推。由图(a)中结果可以看出,扩展边际和价格边际双因素模拟的效果不好,模拟分布图的峰值和均值都与实际分布图的峰值和均值有很大差异,有较大的可能性排除这两个因素对我国水产品出口市场份额变动的联合影响。图4-5(b)和(c)的模拟分布图的峰值和均值与实际分布图的距离和差异比较类似。所以这种情况下,到底是谁的联合作用更大一些就难下定论了。

表4-3 2000～2016年双因素模拟的 K-S 检验结果

		R2000EMP	R2000EMQ	R2000PQ
最极端差别	绝对值	0.476	0.143	0.190
	正	0.476	0.143	0.190
	负	0.000	−0.048	0.000
Kolmogorov-Smirnov Z		1.543	0.463	0.617
渐近显著性(双侧)		0.017	0.883	0.841

从表4-3对三组双因素模拟分布进行的 K-S 检验结果也可以看出:扩展边际和价格边际的双因素模拟分布双侧渐近显著性 P 值为 0.017,所以基本可以排除它们跟实际分布相同的可能性;另两组双因素模拟分布的双侧渐近显著性

P 值都较高,所以单从这个检验的结果看,这两组双因素模拟分布跟实际分布的吻合度较高。由于 P 值差距不大,很难分辨两者拟合效果的优劣。

4.4.2　2002～2016 年中国水产品出口二元边际的单、双因素模拟

在 2000～2016 年中国水产品出口二元边际双因素模拟结果中,很难明确的指出,是扩展边际和数量边际的拟合效果更好,还是价格边际和数量边际的拟合效果更好。造成这种选择困难的一个原因大概是由于数据选择的问题。由于所有测算和实证分析的原始数据是基于 UNCOMTRADE 数据库中 HS96标准分类下的 296 种六位编码水产品的相关统计数据。HS 编码每四年修订一次,全球贸易总量超过 98% 的货物都是以它分类的,所以应用非常广泛。通过联合国商品贸易统计数据库(UNCOMTRADE)按照 HS 标准查询商品贸易数据时,UNCOMTRADE 提供 5 套修订年份的数据标准(分别是 HS92、96、02、07、12)。

由于本书研究阶段在 2000～2016 年间,所以数据是根据 HS1996 的标准查询获得的,这就可能出现一定的统计偏差:某种商品在 HS1996 六位数编码下的数据可能在 HS2002 或者其他更新的版本下由于编码的改变或者缺失造成数据的差异甚至缺失。所以,考虑到这个因素的可能性,本部分基于 2002～2016 年相关数据对中国水产品出口份额变动进行了同样的单因素和双因素模拟,相关结果详见图 4-6 和图 4-7。

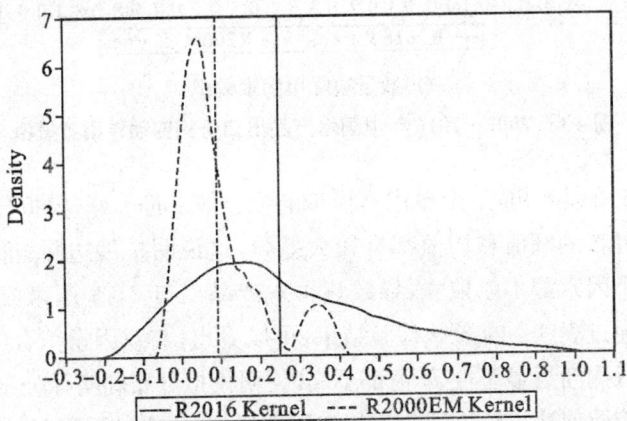

(a)扩展边际单因素模拟

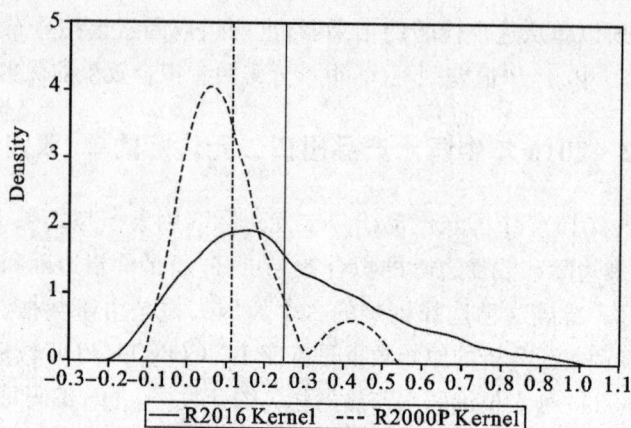

（b）价格边际单因素模拟

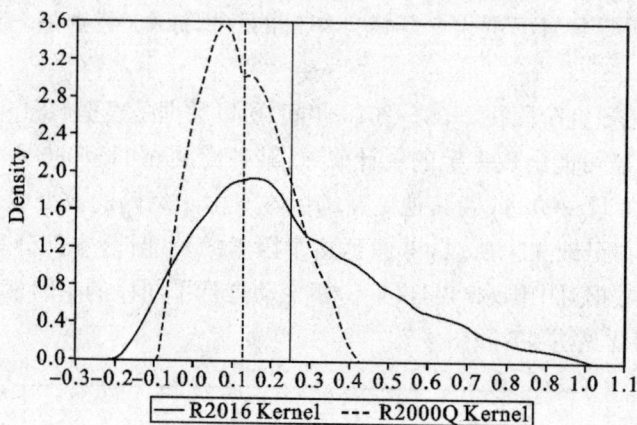

（c）数量边际单因素模拟

图 4-6　2002～2016 年中国水产品出口份额变动单因素模拟

　　由图 4-6 可以看出，三个单因素模拟的拟合效果都不好，模拟分布的峰值和均值与实际分布的峰值和均值都有较大差异，这说明扩展边际、价格边际和数量边际这三个因素都不能独立，导致我国水产品出口 21 个国家或地区的市场份额变化。通过表 4-4 的 K-S 检验结果，可以看出，与双因素拟合结果相比，三个单因素的双侧渐近显著性 P 值都不高，说明模拟分布和实际分布的拟合效果不尽理想。按照前述思路进一步进行双因素模拟，研究结果见图 4-7。

表 4-4　2002～2016 年单因素模拟的 K-S 检验结果

		R2002P	R2002Q	R2002EM
最极端差别	绝对值	0.381	0.333	0.429
	正	0.381	0.333	0.429
	负	0.000	0.000	0.000
Kolmogorov-Smirnov Z		1.234	1.080	1.389
渐近显著性(双侧)		0.095	0.194	0.042

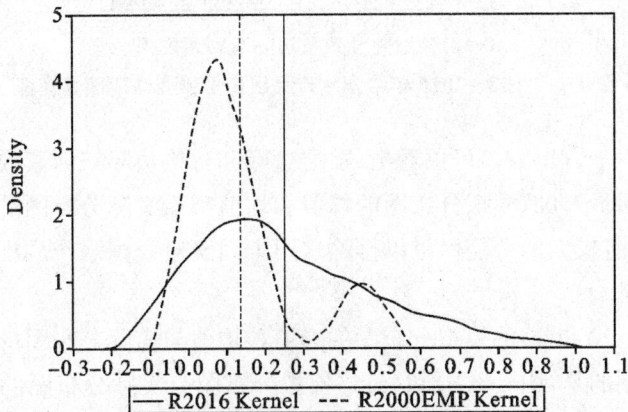

(a)扩展边际和价格边际双因素模拟

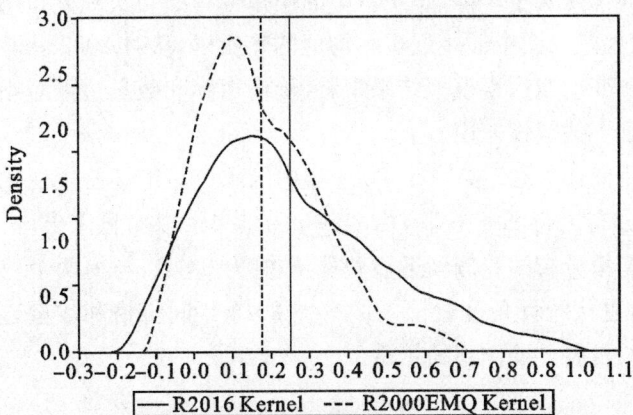

(b)扩展边际和数量边际双因素模拟

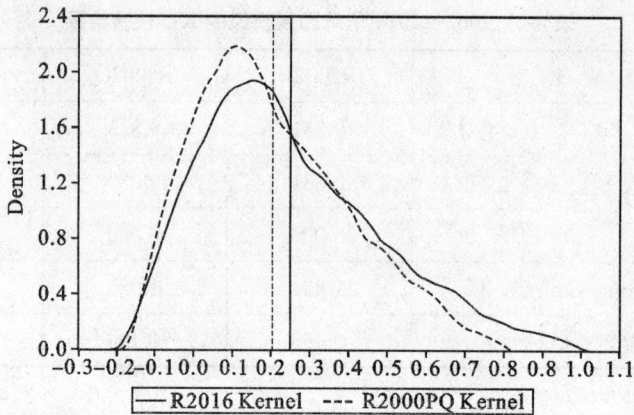

（c）价格边际和数量边际双因素模拟

图 4-7　2002～2016 年中国水产品出口份额变动双因素模拟

由图 4-7(a)、(b)、(c)可以看出，扩展边际和价格边际双因素模拟的效果在三图中是效果最差的，模拟分布图的峰值和均值都与实际分布图的峰值和均值有很大差异，有较大的可能性可以排除这两个因素对我国水产品出口市场份额变动的联合影响。

与图 4-5(b)和(c)的模拟分布图的峰值和均值与实际分布图的距离和差异比较类似不同的是，图 4-7(b)和(c)的模拟分布图与实际分布图的差异就分出了端倪：价格边际和数量边际的联合作用更加强大一些，这点不管从峰值还是从均值两方面都得到了印证，图 4-7(c)的模拟分布图与实际分布图吻合程度更高一些，均值也是三图中最接近实际均值的。所以，从对 2002～2016 年中国水产品出口份额变动双因素模拟结果来看，价格边际和数量边际对中国水产品的出口增长起到了关键性作用。

继续沿用前述做法对 2002～2016 年中国水产品市场份额变化双因素模拟分布与实际分布进行 K-S 检验，由表 4-5 的结果可以明显看出，价格和数量边际的双因素模拟分布的双侧渐近显著性 P 值为 0.841，与另两个双因素模拟的值差距明显，也从统计角度验证了 2002～2016 年间价格和数量边际对我国水产品出口增长发展重要作用的结论。

表 4-5　2002~2016 年双因素模拟的 K-S 检验结果

		R2002EMP	R2002EMQ	R2002PQ
最极端差别	绝对值	0.333	0.238	0.190
	正	0.333	0.238	0.190
	负	0.000	0.000	0.000
Kolmogorov-Smirnov Z		1.080	0.772	0.617
渐近显著性（双侧）		0.194	0.591	0.841

4.4.3　2006~2016 年中国水产品出口二元边际的单、双因素模拟

进一步地,考察 2006~2016 年二元边际对中国水产品出口份额变化的影响,原因在于近十年来,我国水产品出口发展相当迅猛,尤其在 2010 和 2011 年,我国水产品出口增长率均高达 28％以上,占世界水产品出口总额的比例从 2006 年开始就超过 10％,到 2016 年更是占比高达 17％。可见,研究 2006~2016 年二元边际对中国水产品出口份额变动的作用特征并结合前面 2000~2016 年以及 2002~2016 年的分析结果,对把握影响中国水产品出口份额变化的关键边际因素意义重大。

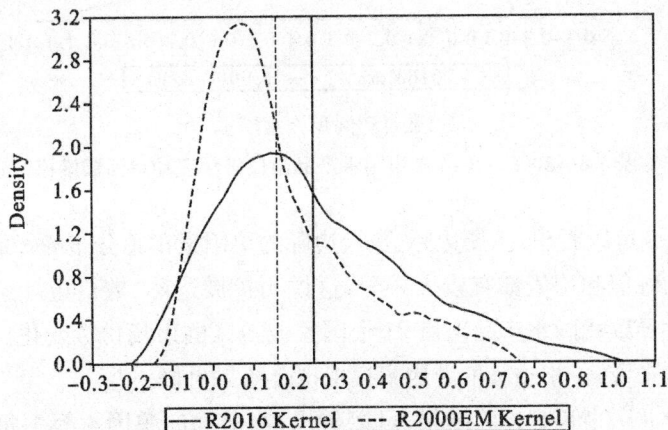

(a)扩展边际单因素模拟

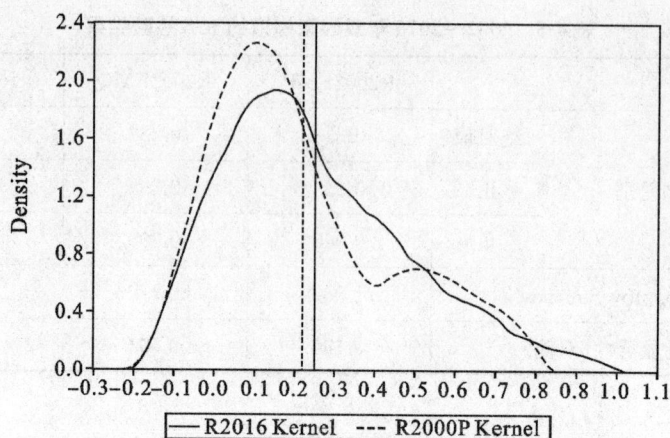

（b）价格边际单因素模拟

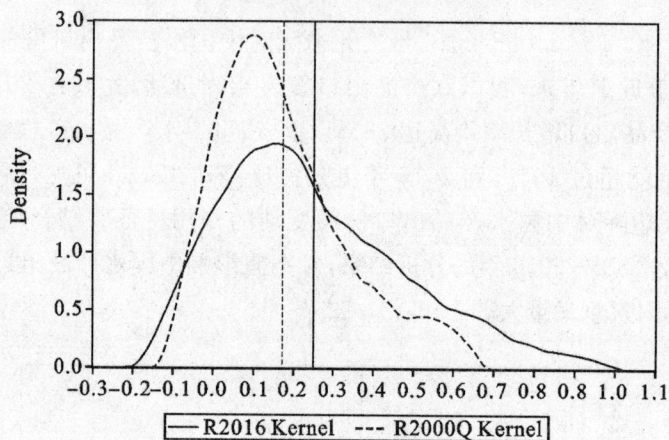

（c）数量边际单因素模拟

图 4-8　2006～2016 年中国水产品出口份额变动单因素模拟

　　从图 4-8 可以看出,扩展边际、数量边际的单因素模拟分布的峰值和均值与实际分布的峰值和均值都有较大差异,这说明扩展边际、数量边际这二个因素都不能独立导致我国水产品出口 21 个国家或地区的市场份额变化。相比较其他两个因素来说,价格边际的单因素模拟拟合效果更好一些。

　　通过表 4-6 的 K-S 检验结果,可以看出,与前面的单因素模拟拟合结果相比,2006～2016 年三个单因素的双侧渐近显著性 P 值都比之前研究年份的相应值要高,说明此次单因素模拟分布和实际分布的拟合效果比前面理想。按照上述思路,进一步进行双因素模拟,研究结果见图 4-9。

表 4-6 2006~2016 年单因素模拟的 K-S 检验结果

		R2006P	R2006Q	R2006EM
最极端差别	绝对值	0.190	0.238	0.286
	正	0.190	0.238	0.286
	负	−0.095	0.000	0.000
Kolmogorov-Smirnov Z		0.617	0.772	0.926
渐近显著性(双侧)		0.841	0.591	0.358

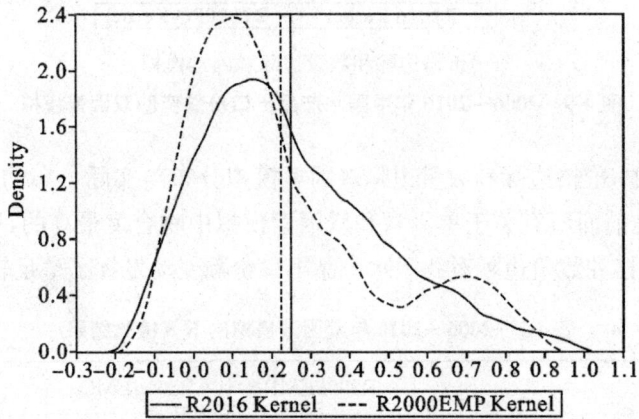

(a)扩展边际和价格边际双因素模拟

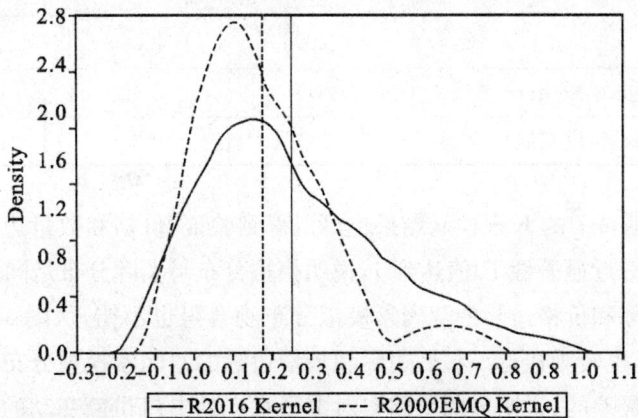

(b)扩展边际和数量边际双因素模拟

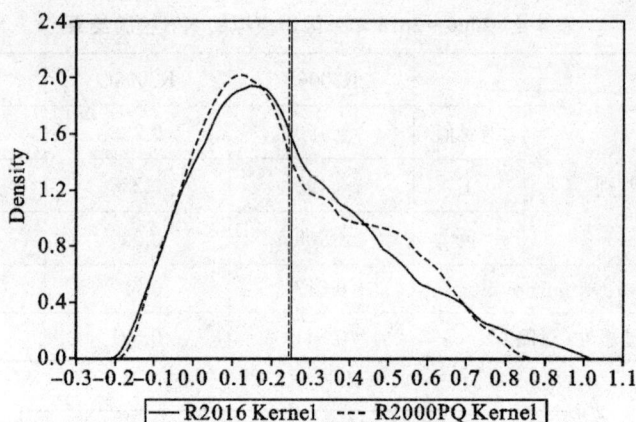

（c）价格边际和数量边际双因素模拟

图 4-9　2006～2016 年中国水产品出口份额变动双因素模拟

图 4-9 中，价格边际和数量边际双因素模拟分布与实际分布的峰值和均值几乎重合，是前面所有关于单因素和双因素模拟中吻合度最高的，这说明 2006～2016 年价格和数量边际对我国水产品出口份额变动发挥了举足轻重的作用。

表 4-7　2006～2016 年双因素模拟的 K-S 检验结果

		R2006EMP	R2006EMQ	R2006PQ
	绝对值	0.190	0.286	0.095
最极端差别	正	0.190	0.286	0.095
	负	−0.095	0.000	−0.095
Kolmogorov-Smirnov Z		0.617	0.926	0.309
渐近显著性（双侧）		0.841	0.358	1.000

这点从表 4-7 的 K-S 检验结果也可以得到验证：价格和数量边际的双因素模拟分布的渐近显著性 P 值达到 1，说明模拟分布与实际分布是同分布。

扩展边际和价格边际的双因素模拟分布吻合得也不错，从图 4-9 中的峰值和均值来看，也较为接近。扩展边际和数量边际的双因素模拟分布在这三幅图中是拟合得最差的，说明这两个因素对中国水产品出口份额变动的影响不如另两组双因素的联合影响。

以上所有的单双因素模拟的研究结论表明，价格边际和数量边际的联合作用对中国水产品出口市场份额的变动起到关键性作用。

4.5 本章小结

本章采用核密度估计方法分析了中国水产品出口二元边际的动态分布演进并且运用 SPSS19.0 对模拟分布和实际分布进行 Kolmogorov-Smirnov 检验来评估不同边际及其组合的拟合效果。

研究结果显示,无论从 21 个国家或地区角度把水产品作为整体分析,还是从世界角度去分析每一个六位 HS 编码水产品具体商品的出口额、数量和价格三方面在 2000～2016 年期间的动态变化趋势,都可以得到数量对水产品出口额增长发挥更为重要作用的结论;对 2000 年、2009 年和 2016 年中国水产品出口占 21 个国家或地区市场份额、扩展边际、数量边际和价格边际进行核密度估计的结果表明,中国水产品出口的市场份额和价格边际不断增加,数量边际在经历了迅速增加后趋于稳定,扩展边际相对比较稳定,前后变化不大;从对不同边际及其组合在 2000～2016 年、2002～2016 年和 2006～2016 年三个区间段的单、双因素模拟结果可以发现,三个区间段的各个边际的单因素拟合效果都不理想,2002～2016 年和 2006～2016 年的双因素拟合结果都表明价格—数量边际联合作用对中国水产品出口市场份额的变动起到关键性作用。

5　中国水产品出口二元边际
作用机制分析

　　本章的研究思路是整理影响水产品出口增长的特征因素,并将水产品二元
边际与这些因素建立联系,最后通过实证检验二元边际对水产品出口增长的影
响。贸易的二元边际是根据贸易相关指标推算而来,但同时,数量边际、价格边
际和扩展边际也各自体现了贸易增长的一部分特征。尽管准确地描述这些特
征的内涵并据此界定其边界十分困难,但仍可以通过经济系统中现有的一些变
量来代表这些特征的主要成分。本章将通过以往的经验结论总结这些特征变
量,并通过实证分析验证二元边际对贸易增长的影响。

5.1　中国水产品出口增长的特征因素

　　通过梳理相关文献以及分析可以发现,我国水产品出口增长的特征因素可
以大致分为体制和政策两个方面。体制因素主要从宏观角度出发,涉及生产要
素禀赋特征、国际贸易地位、产业发育水平等层面,指标相对稳定;政策因素主
要从行政手段出发,涉及对外贸易政策(如出口退税、补贴)、关税政策、出口结
构引导等方面,由于容易受到贸易环境和政治因素的影响,因此政策因素相对
变化较大。

5.1.1　体制因素对水产品出口增长的影响

5.1.1.1　生产要素禀赋

　　根据赫克歇尔—俄林要素禀赋理论,生产要素的丰裕度决定了一个国家产
品生产、贸易的类别和数量,因此在讨论水产品贸易的出口特征时,要素禀赋情
况是必不可少的环节。总的来看,我国的水产品生产主要依靠劳动力要素的投
入,在很长一段时间内,劳动力的充足保障以及低价的劳动报酬是水产品产量

和贸易增长的主要动力,这意味着水产品的产品结构以及产量的增长模式将更倾向于对密集使用劳动力资源更为有利的方式。这种模式的特点是,在现有技术下最容易生产(捕捞或养殖)产品的产量将会出现急速的增长,具体表现为人均资本占有率低,但单位资源开发强度过高。

回顾水产业的发展历史可以发现,部分物种,尤其是近海鱼类的产量均经历了初期的飞速增长,但在此之后,由于过度捕捞而导致种群数量减少、捕捞产量下降、个体变小。产量减少和质量降低严重影响了产品在国际市场上的价格和竞争力,一些水产品也退出了出口名单。可以看出,要素禀赋的特征会对水产品贸易的种类、价格和数量形成系统性的影响。

5.1.1.2 国际贸易地位

与要素禀赋类似,国际贸易地位对贸易增长的影响也具有系统性的特点,进一步讲,要素禀赋的构成情况将在一定程度上决定一国的国际贸易地位。根据已有的研究结果,我国的贸易增长有很大一部分是由加工贸易带动的,并且主要依靠价格优势参与国际竞争。

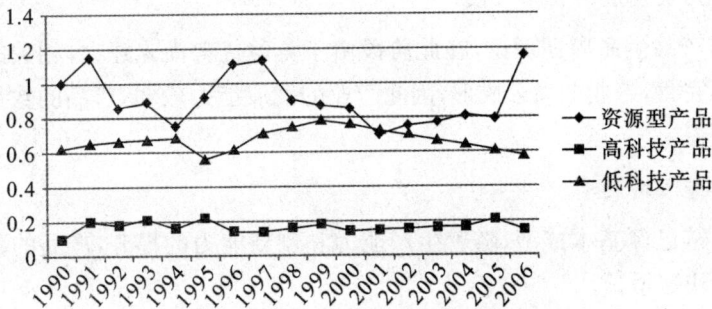

图 5-1 中美不同类型产品出口价格比较

来源:Lawrence Edwards etc.:Do Developed and Developing Countries Compete Head to Head in High-Tech? NBER Working Paper 16105,2010.

图 5-1 展示了不同类型产品中美两国出口价格比值的变化情况。可以看出,仅在资源型产品上中美两国出口价格差别不大,但随着产品技术含量的提高,中美产品出口价格出现了巨大的落差,高技术产品的出口价格仅为美国的17%左右。

这种以低价格为基础的贸易地位给出口带来的影响是多方面的。

（一）较低的出口价格更容易带来贸易摩擦

较低的出口价格更容易带来贸易摩擦，导致进口国采取贸易救济措施。同时，出口产品的低价特点导致贸易的增长只能依靠数量扩张来实现，而对水产品而言，依靠数量增长的贸易特征意味着自然资源的加速枯竭。

（二）从收益最大化的角度出发

我国的贸易地位和出口增长模式完全符合赫克歇尔—俄林要素禀赋理论，但这种模式无法带来长期稳定的增长。因此，当依靠数量增长的模式无法维持贸易竞争优势时，自然资源的压力和资本、技术的不断积累将共同促使贸易增长模式的转变。

有研究显示，从 1992 年开始，我国出口复杂度逐年上升，同时中国出口商品的价格呈上升趋势，以低价格为主要竞争力的贸易地位正在逐渐转变。

5.1.1.3 产业发育水平

最能够体现产业发展水平的就是产业链的完善程度。

（一）产业发展的初期阶段

根据产品生命周期理论，在此阶段由于竞争优势尚未建立，相关的上下游行业还不完善，产业链尚未成形，因此产业的发展能力较弱，产品的数量和种类均增长缓慢。

（二）进入增长期

产业链已经基本成型，随着生产能力和创新能力的提升，产品的数量和种类也随之快速增长。

（三）成熟期和衰退期

在经历了增长期的快速发展后，产业将进入成熟和衰退期。此时，由于产业链已经臻于完善，产品的数量和种类增速放缓，在衰退期时则会出现萎缩的现象。

考察我国水产业的发展历程，可以发现在很长一段时间内，水产品获取方式是以捕捞为主，并且出口的产品种类较为固定，从 2008 年开始捕捞产量开始逐年下降，养殖产量逐年增长，至 2010 年左右捕捞行业开始从近海向远海发展，这一系列的产业发展变化必然会在出口产品的数量和种类上有所体现。

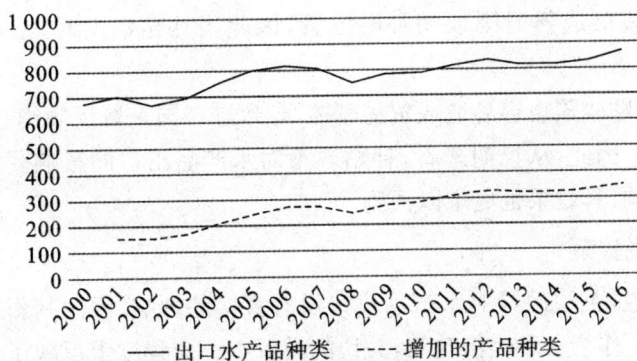

图 5-2　水产品出口种类数量变化

图 5-2 显示了 2000～2016 年水产品出口种类数量变化情况,可以看出 2003 年之前的出口种类数量基本固定,此后虽有所增长但速度缓慢,新增的水产品出口种类也基本保持相同的趋势。

出口产品数量一方面反映了水产品行业产业链的完善程度,另一方面出口种类固定或减少意味着产业链的构成基本保持稳定,产业发展速度缓慢或产业的萎缩;相反,出口种类增加意味着产业链的拓展和产业发展的提速。

5.1.2　政策因素对水产品出口增长的影响

5.1.2.1　对外贸易政策

对外贸易政策对水产品出口增长的影响是多方面的,需要根据政策的具体实施效果进行分析。

(一)出口退税

以出口退税为例,增值税的返还实际上相当于减少了企业的生产成本,由于政策仅用于出口贸易,因此出口退税政策必然会刺激水产品的对外出口。与此同时,由于政策的普惠性,水产品出口的大量增加将导致竞争加剧,如果企业或产品没有足够的核心优势,那么出口价格下降的趋势将不可避免。

(二)补贴

相较于出口退税,补贴政策的影响就更为复杂。首先,补贴会为出口产品带来价格优势,这意味着收到补贴的水产品在出口市场将更具竞争力,这无疑会刺激出口。但补贴政策一般用于扶植国内企业开拓国外市场,当受到市场认可或产业发展成熟时则取消补贴政策,因此当补贴取消时,出口将受到较大冲击。

此外,补贴政策也容易造成贸易摩擦,导致进口国采取反倾销、反补贴等贸易救济措施。因此,从长期来看,补贴政策对水产品出口的影响受到更多不确定因素的影响,其效果也更难以预测。

5.1.2.2 关税政策

总体来说,关税政策对水产品出口没有直接的影响,因此其影响也不如其他政策显著。作为一种经济政策,关税的设置在一定程度上反映了一国的产业保护程度和贸易自由化水平。以 WTO 的贸易协定来说,成员国之间实行较低的关税税率,这无疑会刺激出口的增长,但关税政策的效果是普惠的,较低的关税也会促使进口增加,如果国内行业本身基础较弱,低关税可能导致行业发展速度缓慢,反而不利于出口的增长;另一方面,其他成员国也将尽力拓展产品出口市场。因此,从长期来看,产品出口的持续增长仍需依靠行业自身竞争力的提升。

5.1.2.3 汇率政策

(一)马歇尔-勒纳(Marshall-lener)条件

产生于 1930 年的收支弹性分析理论是最早探讨汇率对贸易影响的理论,它由英国经济学家 Marshall 提出,后经由 Robinson 和 Lener 发展,并在此基础上提出了 Marshall-lener 条件和 J 曲线效应,这也为后来的实证研究提供了理论基础。以宏观时间序列数据进行实证分析得到的结果显示,尽管在某些国家和时段两者之间的关系可以被证实,但总体而言,汇率对出口量的影响并未表现出理论上所具有的显著性,并且相关性也很小。大量的研究文献也指出,马歇尔-勒纳条件是以汇率手段改善国际贸易收支的一个必要条件,仅仅依靠满足马歇尔-勒纳条件,并不必然得到改善贸易赤字的结果。另一方面,Tybout & Roberts[1] 和 Verhoogen[2] 在利用企业层面进行实证分析时,则得到了汇率显著影响出口增长的结论。这说明行业或企业间的异质性降低了出口增长对汇率波动的敏感度。

---

① Roberts M J, Tybout J R. The Decision to Export in Colombia: An Empirical Model of Entry with Sunk Costs[J]. American Economic Review, 1997, 87(4):545-564.

② Kugler M, Verhoogen E A. Product Quality at the Plant Level: Plant Size, Exports, Output Prices and Input Prices in Colombia[J]. Working Papers, 2008, 36(3):1265-1266.

（二）价格弹性

根据水产品的特性可以判断,水产品属于正常商品,同时水产品是一种优质蛋白类食品,价格普遍高于一般食品,因此可以初步假定水产品具有类似奢侈品的特征,需求价格弹性相对较高。此外,根据历年水产品出口量与出口额可以大致描绘价格波动对水产品市场需求的影响。

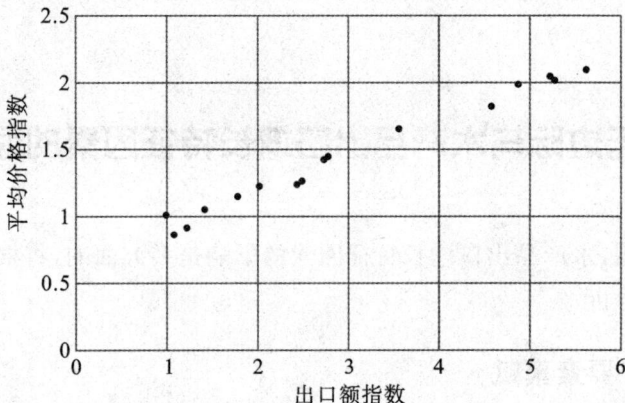

图 5-3　水产品价格与总出口额的关系

图 5-3 中 x 轴为以 2000 年为基期计算的 2000～2016 年的水产品出口额指数,y 轴采用相同的基期和年份,平均价格由历年的出口额比出口量得来。从散点图中可以看出价格和出口额呈明显的正相关趋势,说明随着价格的增加,水产品出口的总收益也随之增加。

由于水产品具有较高的需求价格弹性,因此,可以预期汇率导致的价格波动对水产品的出口造成的影响要大于所有商品的平均水平。举例来说,当人民币汇率下降时,出口价格降低导致需求上升的幅度要大于所有商品的平均水平,同时,需求提升的幅度不能够弥补价格下降带来的损失,因此,当人民币汇率下降时,总收益反而降低。与此相反,当人民币汇率升高时,出口价格增加导致需求下降,但价格增加的幅度能够抵消需求下降带来的损失,因此,当人民币汇率上升时,总收益反而提高。

5.1.2.4　产业结构政策

产业结构政策对水产品的出口的影响主要体现在产品出口的种类、数量和价格方面。

以转方式、调结构为例,相关政策主要针对解决落后产能的消化和新兴产业的能力建设,落后产能的消化意味着低附加值的一般商品出口量的缩减,同时一些盈利能力较低,市场竞争力较弱的产品将退出出口名单。另一方面新兴产业的能力建设意味着高附加值产品出口数量的增加,并且随着产业竞争力的提升,技术的不断成熟也将有更多的新兴产品进入出口市场。此外,高附加值产品的进入,以及体量大、附加值低的产品的退出也将提升水产品出口的整体平均价格。

5.2 二元边际与水产品出口增长特征因素的联系构建

可以发现,水产品出口增长特征因素的影响是多方面的,将根据上面提到的因素依次分析。

5.2.1 生产要素禀赋

通过改变贸易比较优势对水产品出口特征产生了系统性的影响,随着生产要素禀赋结构的变化,产品生产的比较成本也会发生变化,导致出口产品的种类、数量和价格随之波动。

5.2.2 国际贸易地位的影响

与要素禀赋类似,以劳动密集为主的要素禀赋结构导致贸易增长主要依靠数量增长实现,这种以大量低价初级产品为主的产品结构意味着较低层次的贸易地位,而较低的贸易地位则反映出一国在国际市场上缺乏讨价还价的能力;随着出口产品结构的改变,贸易地位也随之提升,进而提高产品的出口价格。

5.2.3 产业发育水平

对贸易增长的影响同样涉及多个方面。首先,根据引力模型的基本结论,如果生产率水平达不到对外出口的门槛值,则不会有出口贸易发生。因此,在产业发展的初期阶段,由于产业链不完善、技术不成熟、生产成本较高等原因,出口产品的数量和种类很少或几乎为零。后期随着产业的不断发展,技术创新和产业配套逐渐完善,产品体系的逐渐成熟,质量也有所提升,并导致出口种类的争夺和价格的提高。

5.2.4 对外贸易政策

对水产品贸易出口的影响主要体现在数量和价格方面。以出口退税为例,退税会刺激出口产品数量增加,但对种类的变化影响不大;由于这种出口优惠政策具有普惠性,并且通过价格手段引导,因此将带动出口企业扩大生产规模,由于产能过剩引发的恶性竞争,最终促使出口价格下降。

价格补贴的效果与出口退税类似,但价格补贴更容易引发贸易摩擦,因此其实施效果具有更多的不确定性。

5.2.5 关税政策

主要影响水产品出口的种类和价格。关税政策主要受多边(如 WTO)或双边(如中韩自贸协定)的影响,因此双方共同制定优惠的关税政策将有效降低产品的出口价格,同时,随着贸易程度的加深,将会有更多的产品降低关税,并促使产品出口种类增加。

5.2.6 汇率政策

对水产品出口增长的影响主要体现在价格和数量方面。从前面的分析可知,人民币汇率下降将导致出口价格下降,出口需求增加;汇率上升导致出口价格上升,出口需求减少,但价格的变动速度小于需求的变动速度。

5.2.7 产业结构调整

这方面的政策对贸易出口的影响是多方面的。如转方式、调结构,供给侧改革政策等涉及产业结构调整的方面将会对产品出口的价格、数量和种类产生综合性的影响。

通过以上的分析可以看出,各种贸易特征因素对出口增长的影响大多是综合性的,因此很难用一个概括的指标去衡量这些特征的影响。但不难发现这些影响主要集中在以下三个方面:出口数量、出口价格和出口种类。而二元边际分析时得出的价格边际、数量边际和扩展边际恰好是可以与之相对应的,也就是说,可以通过二元边际来描述各种贸易特征因素对出口增长某一方面的影响,具体对应关系如下图 5-4 所示。

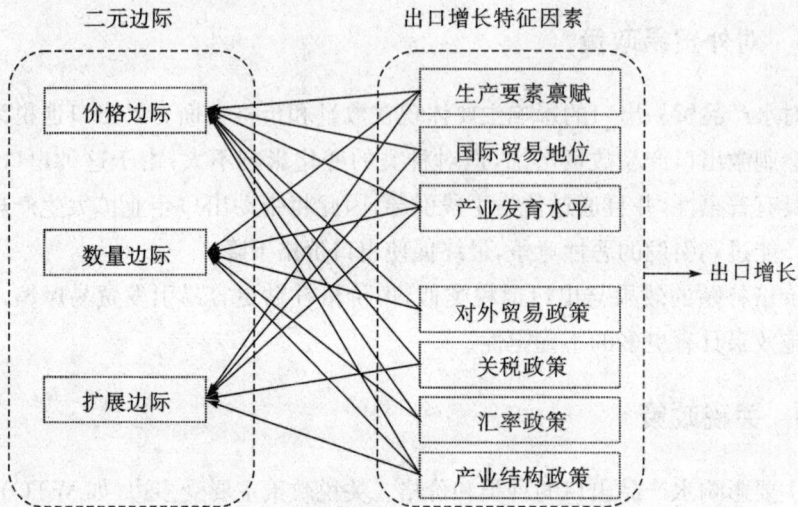

图 5-4 二元边际与水产品贸易特征因素的联系

5.3 中国水产品出口二元边际作用机制实证分析

前面在影响贸易特征的各种因素与二元边际之间建立了联系,并用数量边际、价格边际和扩展边际分别表征这些影响的某一方面,接下来将利用计量方法对二元边际与出口增长之间的关系进行实证分析,以求获得我国水产品出口二元边际的影响机制。

5.3.1 样本来源与数据处理

本章的实证分析共涉及 4 个变量,分别是数量边际、价格边际、扩展边际和水产品出口额。由于已经对这四个变量的数值进行了计算,在此关于计算的公式和数据的来源不再赘述,样本数据来自之前选取的 21 个国家或地区,时间跨度为 2000～2016 年。

用出口额的增长率作为衡量水产品出口变量的指标,同时为提升数据的平稳性对各变量进行了一阶差分处理。此外,由于用数量边际、价格边际、扩展边际代表影响出口增长的各种因素的特征,因此这三个变量将作为自变量引入模型,但由于二元边际是根据当年的贸易数据计算得出,因此使用当期的二元边际指标作为解释当期出口增长率的原因显然不合理,考虑到前文提到的体制、政策等因素对出口增长造成实际影响有一定的时滞,因此采用数量边际、价格边际、扩展边际的滞后值作为出口额增长率的解释变量更加符合现实情况。各变量的基本统计描述如表 5-1 所示。

表 5-1　主要变量统计性描述

变量	均值	标准差	最小值	下四分位数	中位数	上四分位数	最大值
出口额增长率	0.46	2.19	−0.85	−0.03	0.15	0.39	35.1
数量边际	0.21	0.16	0	0.08	0.16	0.31	0.86
价格边际	1.08	0.47	0.24	0.76	0.94	1.2	3.61
扩展边际	0.7	0.19	0.02	0.58	0.73	0.86	0.98

5.3.2　模型构建

从对数据结构的介绍中可以看出这是一组面板数据,以经验推理得出的结论并不能视为二元边际是出口额增长的解释变量的充分依据,根据这些前提和限制,本书采用面板向量自回归模型(PVAR)进行计量分析。面板向量自回归模型是面板数据与自回归模型的结合,由于自回归模型不需要预先基于某种理论来假设经济变量之间的关系,同时能够处理面板数据也符合了数据结构要求,因此该模型能够较好地解决目前的问题。

PVAR 模型[1]最早由 Holtz-Eakin et al.在 VAR 模型的基础上进行改进,Arellano and Bond[2]、Arellano and Bover[3]、Blundell and Bond[4] 又对其进行了完善,PVAR 模型的基本形式为:

[1] Holtz-Eakin D, Newey W, Rosen H S. Estimating Vector Autoregressions with Panel Data[J]. Econometrica, 1988, 56(6):1371-1395.

[2] Arellano M, Bond S. Some Tests of Specification for Panel Data: Monte Carlo Evidence and an Application to Employment Equations[J]. Review of Economic Studies, 1991, 58(2):277-297.

[3] Arellano M, Bover O. Another look at the instrumental variable estimation of error-components models [J]. Journal of Econometrics, 2004, 68(1):29-51.

[4] Blundell R, Bond S. Initial conditions and moment restrictions in dynamic panel data models[J]. Journal of Econometrics, 1998, 87(1):115-143.

$$Y_{it} = X_{it}b^m + \eta_i + \gamma_t + \mu_{it} \tag{5.1}$$

其中,i 代表国家或地区,t 代表年份;$i=1,2,\cdots\cdots,21$;$t=2000,2001,\cdots\cdots$,
2016。Y_{it} 为 4×1 列向量,所包含的 4 个分量分别为 zzl_{it}、sl_{it}、jg_{it} 和 kz_{it},其
中 zzl_{it} 为第 t 年中国出口到 i 国的水产品贸易额的增长率,sl_{it}、jg_{it}、kz_{it} 分别代
表第 t 年中国水产品出口到 i 国家的数量边际、价格边际和扩展边际。根据
Love(2006)的建议,应将向量中外生性最强的分量放置在最左边,然后根据外
生性的强弱依次向右排列,在本书中,zzl_{it} 为受二元边际影响的变量,而出口种
类的变化则相对固定,出口数量受价格影响较大,因此 $Y_{it}=[kz_{it}\,jg_{it}\,sl_{it}\,zzl_{it}]'$。

X_{it} 为 Y_{it} 的滞后变量,以滞后 P 阶为例,$X_{it}=[Y_{it-1}\,Y_{it-2}\cdots Y_{it-P}]$,$b^m$ 是 P
$\times 1$ 维的系数向量,η_i 和 γ_t 分别表示个体效应和时间效应,μ_{it} 为干扰项,模型满
足如下关系:

$$E(\mu_{it}\,|\,\eta_i,\gamma_t,X_{it},X_{it-1},X_{it-2},\cdots)=0 \tag{5.2}$$

5.3.3 模型参数估计

由于模型中包含个体效应 η_i 和时间效应 γ_t,同时解释变量 X_{it} 中包含了被解
释变量 Y_{it} 的滞后项,因此需要先去除时间效应和个体效应,再采用广义矩估计
(GMM)法获得 b^m 的一致估计量。去除时间效应通常采用组内均值差分法,具
体步骤如下。

首先将(5.1)式中的各变量取每一年对所有国家的平均值:

$$\bar{Y}_{it}=\bar{X}_{it}b^m+\bar{\eta}_i+\gamma_t+\bar{\mu}_{it} \tag{5.3}$$

$$\bar{Y}_{it}=\frac{\sum_i^N Y_{it}}{N} \tag{5.4}$$

用(5.1)式减去(5.3)式即可去除时间效果,得到:

$$\tilde{Y}_{it}=\tilde{X}_{it}b^m+\tilde{\eta}_i+\tilde{\mu}_{it} \tag{5.5}$$

其中 $\tilde{Y}_{it}=Y_{it}-\bar{Y}_{it}$,然后参照 Arellano and Bover(1995) 的建议,采用前向均值
差分法去除个体效应,即对未来值取平均后差分,设 $\bar{\bar{Y}}_{it}=(T-t)^{-1}\sum_{t+1}^T \tilde{Y}_{it}$,则
(5.5)式可写为:

$$\bar{\bar{Y}}_{it}=\bar{\bar{X}}_{it}\,b^m+\bar{\bar{\eta}}_i+\bar{\bar{\mu}}_{it} \tag{5.6}$$

(5.5)式减去(5.6)式可得:

$$\hat{Y}_{it}=\hat{X}_{it}\,b^m+\hat{\mu}_{it} \tag{5.7}$$

前向均值差分法的优点在于可以保留残差项的非均齐变异性,且不会引入序列相关。关于广义矩估计(GMM)的估计方法在此处不再赘述,可参考 Gilchrist and Himmelberg[①] 的处理建议。

5.3.4 滞后阶数选择

在对 PVAR 模型进行正式回归之前需要首先确定模型的滞后阶数 P,对滞后期的选择目前使用较多的主要有三种方法,即 AIC 准则、BIC 准则和 HQIC 准则,公式如下。

(1)AIC

$$AIC = [M \cdot \ln(2\pi) + M + \ln|\hat{V}|] + \frac{2k}{N^*} \tag{5.8}$$

(2)BIC

$$BIC = [M \cdot \ln(2\pi) + M + \ln|\hat{V}|] + \frac{\ln(N^*) \cdot k}{N^*} \tag{5.9}$$

(3)HQIC

$$HQIC = [M \cdot \ln(2\pi) + M + \ln|\hat{V}|] + \frac{2\ln[\ln(N^*)] \cdot k}{N^*} \tag{5.10}$$

在实际确定滞后阶数时往往会出现各准则计算的最佳滞后阶数不一致的情况,根据以上三种准则代入样本数据计算得出的滞后阶数如表 5-2 所示。

表 5-2 PVAR 模型滞后阶数选择

滞后阶数	AIC 准则	BIC 准则	HQIC 准则
1	0.696 921	2.019 07	1.227 66
2	0.207 688	1.832 35*	0.861 417*
3	0.120 447	2.087 54	0.913 845
4	0.028 448*	2.330 47	0.925 174
5	0.076 708	2.889 65	1.216 3

可以看出,三种准则给出的结果不完全一致,AIC 准则计算的最佳滞后阶数为 4,BIC 和 HQIC 计算的最佳滞后阶数为 2。加之参考"BIC 和 HQIC 准则

---

① Gilchrist S, Himmelberg C P. Evidence on the role of cash flow for investment[J]. Journal of Monetary Economics, 1995, 36(3):541-572.

可能优于 AIC 准则"的原则,选取了 2 阶滞后,即 PAVR(2)模型。

5.3.5 参数估计结果与分析

为得出更稳定的估计结果,对各变量进行了一阶差分,L 为滞后算子,L. 为滞后 1 阶,L2. 为滞后 2 阶,模型参数估计使用的工具为 stata13.0 软件,程序包由中山大学的连玉君教授提供,模型的参数估计结果见表 5-3。

表 5-3　PVAR 模型参数回归结果

变量	参数值	t 值
h_dzzl		
L.出口额增长率	−0.224	(−1.51)
L.数量边际	−4.005***	(−2.72)
L.价格边际	−1.174	(−1.22)
L.扩展边际	−1.251	(−1.33)
L2.出口额增长率	−0.152	(−1.52)
L2.数量边际	−0.427	(−0.31)
L2.价格边际	1.122	(1.42)
L2.扩展边际	−0.071	(−0.04)
h_dsl		
L.出口额增长率	0.006*	(1.83)
L.数量边际	−0.148	(−0.78)
L.价格边际	0.001	(0.05)
L.扩展边际	0.089	(1.29)
L2.出口额增长率	−0.003	(−1.43)
L2.数量边际	0.082	(0.6)
L2.价格边际	0.015	(1.07)
L2.扩展边际	0.084	(1.4)
h_djg		
L.出口额增长率	0.007	(0.71)
L.数量边际	0.044	(0.15)

（续表）

变量	参数值	t 值
L.价格边际	−0.281	（−1.61）
L.扩展边际	−0.307	（−0.83）
L2.出口额增长率	0.003	（0.58）
L2.数量边际	0.37	（1.46）
L2.价格边际	−0.058	（−0.61）
L2.扩展边际	−0.16	（−0.65）
h_dkz		
L.出口额增长率	−0.004*	（−1.69）
L.数量边际	0.160**	（2.09）
L.价格边际	−0.013	（−0.86）
L.扩展边际	−0.237***	（−3.18）
L2.出口额增长率	−0.003*	（−1.88）
L2.数量边际	−0.015	（−0.21）
L2.价格边际	−0.007	（−0.43）
L2.扩展边际	−0.119*	（−1.69）

变量	参数值	t 值
N	252	
AIC	0.208	
BIC	1.832	
HQIC	0.861	

* $p<0.1$, ** $p<0.05$, *** $p<0.01$

　　根据回归的结果，在以出口额变动率为因变量的方程中，只有数量边际的1阶滞后值对其影响显著，且通过了1%显著性水平下的检验。在以扩展边际为因变量的方程中，数量边际和扩展边际的1阶滞后值对其影响显著，且显著性水平小于5%；在以价格边际和数量边际为因变量的方程中未发现有显著影响的解释变量。由于本章探讨的是由二元边际表征的各影响因素与出口额增长之间的关系，主要关注以出口额变动率为因变量的方程，而不对其他方程进行解释。

首先,结果显示仅有数量边际对出口额增长率的变动具有显著影响,说明价格和种类的变动对我国水产品出口额增长率的影响不大,我国水产品出口的增长主要依靠的是数量增长,这一点与前面的分析结果一致。值得注意的是,数量边际的系数为负,由于选取的解释变量是数量边际的一阶差分,也就是数量边际的变化量。被解释变量是水产品出口额增长率的一阶差分,即水产品出口额增长率的变化。解释变量前系数为负则说明,数量边际的变化与水产品出口额增长率的变化呈负相关关系,用公式表示为 $\dfrac{\Delta \text{水产品出口增长率}}{\Delta \text{数量边际}} < 0$,也就是说随着数量边际的增长,水产品出口额增长率将随之减小。

表 5-4　变量的格兰杰因果检验

因变量	除外变量	卡方值	自由度	P 值
出口额增长率	数量边际	20.838	7	0.004
出口额增长率	价格边际	10.456	7	0.164
出口额增长率	扩展边际	13.973	7	0.052
出口额增长率	全部自变量	67.332	21	0
数量边际	出口额增长率	34.23	7	0
数量边际	价格边际	23.771	7	0.001
数量边际	扩展边际	14.34	7	0.045
数量边际	全部自变量	230.19	21	0
价格边际	出口额增长率	17.07	7	0.017
价格边际	数量边际	19.387	7	0.007
价格边际	扩展边际	11.58	7	0.115
价格边际	全部自变量	72.041	21	0
扩展边际	出口额增长率	15.401	7	0.031
扩展边际	数量边际	6.0424	7	0.535
扩展边际	价格边际	11.932	7	0.103
扩展边际	全部自变量	32.251	21	0.055

　　由表 5-3 和表 5-4 可以得出结论,根据 2000～2016 年中国对 21 个国家或地区水产品出口的数据,数量边际的增长对水产品出口额增长的贡献会随着数量边际值的增加而减小,这说明由数量边际带来的出口额增长是边际递减的,依靠数量边际来拉动出口额增长是不可持续的。格兰杰因果检验显示,数量边际和出口额增长率之间有显著的因果关系。扩展边际是出口额的格兰杰原因这一假设在 5% 显著性水平下没有得到验证,但在 10% 显著性水平下成立。价格边际是出口额增长的格兰杰原因的假设则没有得到证实。

5.4　本章小结

　　本章首先分析和梳理了我国水产品出口增长的特征因素,将这些因素归纳为体制和政策两个方面,并对影响的路径进行了简要的分析。在了解了影响路径的基础上,接下来对影响路径的特征进行了归类,可以发现影响主要通过数量、价格和种类三个方面来实现。因此,用数量边际、价格边际和扩展边际分别表征这三方面的影响,并将其作为替代变量进行实证检验。根据 PVAR 模型回归的结果,仅有数量边际的变化对水产品出口率的变化影响显著,同时回归参数为负,说明水产品出口额对数量边际的二阶导数为负,即数量边际带来的出口增长是边际递减的,这意味着仅靠数量边际无法实现水产品出口持续稳定的增长。

6 中国水产品出口二元边际的
影响因素分析

上面分析了我国水产品出口增长二元边际的时序特征、横截面特征以及它的动态分布演进和二元边际对水产品出口增长的作用机制,从多个角度了解和把握了中国水产品出口增长二元边际的特征。本章研究影响二元边际的各个因素,并进行实证分析,量化评估它们对二元边际的影响程度。

6.1 二元边际影响因素理论分析

在国际贸易领域,研究双边贸易流量影响因素问题时,贸易引力模型是经常被使用的工具。它的思想和概念来源于物理学家牛顿提出的万有引力定律。美国经济学家 Tinbergen(1962)和 Poyhonen(1963)率先在经济学界对其进行了发展和延伸,提出了著名且简便的引力模型,其基本形式是:

$$\text{Trade}_{ij} = A \frac{Y_i Y_j}{\text{Dist}_{ij}}$$

公式中,Trade_{ij}表示国家i和国家j之间的双边贸易额,Y_i和Y_j分别表示国家i和国家j的经济规模,Dist_{ij}表示国家i和国家j之间的地理距离,A 为常数,也被称为引力系数。

所以,从最早的引力模型表达式可以看出:两国经济规模对双边贸易额起正向作用,而它们之间的距离对双边贸易额的影响为负。后来,随着经济地理学的迅速发展和兴起,这个模型在对国际贸易流量和流向的实证分析方面被广泛应用,并得到了成功的印证。这也是贸易引力模型相较于大多数经济学模型独特的地方:它的研究经历了先实证研究后理论研究的发展轨迹。经典的引力模型为 Krugman[1] 的引力模型,但它假定企业同质,只考虑经济规模和贸易成

---

[1] Paul Krugman. Scale Economies, Product Differentiation, and the Pattern of Trade [J]. The American Economic Review, 1980, 70(5):950-959.

本对贸易的影响,而且贸易流量中没有考虑产品的种类增长。

随着 Melitz(2003)为代表的新新贸易理论的兴起和发展,异质性企业模型被越来越多地应用到国际贸易问题的研究中,贸易引力模型也得到修正和改善,具有代表性的模型是 Chaney[①] 在 Melitz(2003)基础上构建的多边非对称性的异质性企业贸易引力模型。该模型基本形式如下:

$$X_{ij}^h(\varphi)=\begin{cases}\mu_h\times\dfrac{Y_i\times Y_j}{Y}\times\left[\dfrac{w_i\tau_{ij}^h}{\theta_j^h}\right]^{-\gamma h}\times(f_{ij}^h)^{-[\gamma h/(\sigma h-1)-1]}, & if\ \varphi<\varphi_{ij}\\ 0, & otherwise\end{cases}$$

(6.1)

其中,X_{ij}^h代表国家i的h部门向国家j出口量,Y_i和Y_j代表国家i和j的经济规模,w_i代表工人的生产率,τ_{ij}^h和f_{ij}^h分别代表可变成本和固定成本,θ_j^h是多边阻力,μ_h、σ_h和γ_h是外生参数,分别表示消费者消费h产品的份额、产品间替代弹性和企业的异质性参数。φ_{ij}为门槛生产率,φ是企业生产率水平。

由于双边出口X_{ij}^h可以分解成集约边际和扩展边际,那么,从出口国i到进口国j的出口E_{ij}可以表示成:

$$E_{ij}=e_{ij}\times N_{ij}$$

(6.2)

其中,e_{ij}是企业平均出口量,N_{ij}是出口企业数量。按照前面所述的 Hummels 和 Klenow 关于二元边际的定义,出口企业数量N_{ij}可以看作扩展边际,集约边际可以用企业平均出口量e_{ij}来表示。在 Chaney(2008)模型中,集约边际表达式为:

$$e_{ij}=x_{ij}(\varphi)=\lambda_3\times\left[\dfrac{Y_j}{Y}\right]^{(\sigma-1)/\gamma}\times\left[\dfrac{\theta_j}{\tau_{ij}}\right]^{\sigma-1}\times\left[\dfrac{\varphi}{w_i}\right]^{\sigma-1},\varphi\geq\varphi_{ij}$$

(6.3)

公式(6.3)中,λ_3为常参数,其他变量含义如前所述。可以看出,集约边际主要由经济规模、可变贸易成本、多边阻力和企业生产率水平决定。

扩展边际表达式为:

$$N_{ij}=\dfrac{E_{ij}}{e_{ij}}=\dfrac{X_{ij}^h(\varphi)}{x_{ij}(\varphi)}=\left[\dfrac{\sigma}{\sigma-1}\right]^{\sigma-1}\times\dfrac{Y_i\times Y_j}{Y}\times f_{ij}^{-\frac{\gamma}{\sigma-1}}\times\left[\dfrac{w_i\tau_{ij}}{\theta_j}\right]^{-\gamma}$$

(6.4)

由公式(6.4)可以看出,扩展边际主要受经济规模、固定贸易成本、可变贸易成本、工人工资和多边阻力的影响。但具体的影响作用仍需进一步分析。

对公式(6.3)两边求对数可得,

① Chaney T. Distorted Gravity: The Intensive and Extensive Margins of International Trade[J]. American Economic Review, 2008, 98(4):1707-1721.

$$\ln e_{ij} = \ln \lambda_3 + (\sigma-1)/\gamma \left(\ln \frac{Y_j}{Y}\right) + (\sigma-1)(\ln \theta_j - \ln \tau_{ij})$$

$$+ (\sigma-1)\left(\ln \frac{\varphi}{w_i}\right), \varphi \geq \varphi_{ij} \tag{6.5}$$

根据公式(6.5),可以得到在其他因素不变的情况下,某个变量的变动对集约边际的影响。通常影响系数通过各自变量对集约边际求偏导获得,但如果根据公式(6.3)直接计算,其影响系数的大小受各变量具体数值的影响。从表达的直观效果来看,根据公式(6.5)对各变量的对数变换求偏导的结果更加清晰明了。具体结果如下:

$$\frac{\partial \ln e_{ij}}{\partial \ln (Y_j/Y)} = \frac{\partial \ln e_{ij}}{\partial \ln Y_j} = (\sigma-1)/\gamma \tag{6.6}$$

$$\frac{\partial \ln e_{ij}}{\partial \ln (\varphi/w_i)} = (\sigma-1) \tag{6.7}$$

$$\frac{\partial \ln e_{ij}}{\partial \ln \tau_{ij}} = (1-\sigma) \tag{6.8}$$

公式(6.6)中,Y_j/Y 为 j 国的相对经济规模,Y_j 为 j 国的经济规模。可以看出,经济规模和相对经济规模对集约边际的影响取决于产品替代弹性和企业异质性的大小。具体到水产品和水产品出口加工企业,由于水产品在蛋白质类产品中属于价格较高的产品,这使得其更容易被其他肉类产品所替代,同时水产品较高的价格也导致其在消费者预算总支出中的比例不会过高,这使得水产品的需求对其他产品的价格更加敏感,即 $\sigma > 1$。同时,由于水产品属于初级农产品,因此产品的价值链较短,这使得水产品的出口加工企业异质率较低。综上,在水产品贸易中,经济规模和相对经济规模对集约边际的影响理论上为正值。

公式(6.7)中 φ/w_i 为 i 国的相对生产率水平,公式显示了相对生产率与集约边际之间的关系,其大小仅取决于产品替代弹性 σ 的大小。因此,根据前面的分析,预期在水产品贸易中,集约边际将随相对生产率呈相同方向的变化。

从公式(6.8)中可以发现,可变成本对集约边际的影响仅取决于产品替代弹性 σ 的大小,同样,根据前面的分析,预期在水产品贸易中,集约边际将随可变成本的增加而减小。

对公式(6.4)两边求对数可得,

$$\ln N_{ij} = (\sigma-1)\ln \frac{\sigma}{\sigma-1} + \ln \frac{Y_j}{Y} + \ln Y_i - \frac{\gamma}{\sigma-1}\ln f_{ij} - \gamma(\ln w_i + \ln \tau_{ij} - \ln \theta_j)$$

$$\tag{6.9}$$

与公式(6.5)相同,此处将各变量的对数变换求偏导,主要结论如下:

$$\frac{\partial \ln N_{ij}}{\partial \ln f_{ij}} = -\frac{\gamma}{\sigma - 1} \tag{6.10}$$

$$\frac{\partial \ln N_{ij}}{\partial \ln \tau_{ij}} = -\gamma \tag{6.11}$$

$$\frac{\partial \ln N_{ij}}{\partial \ln w_i} = -\gamma \tag{6.12}$$

由公式(6.10)可知固定贸易成本 f_{ij} 对扩展边际 N_{ij} 的影响取决于产品的替代弹性和企业的异质性系数,根据前面的分析可知,两者的相关性为负。公式(6.11)显示可变贸易成本 τ_{ij} 与扩展边际 N_{ij} 呈反方向变动,变动的程度取决于企业的异质性系数 γ。公式(6.12)的结果说明,扩展边际 N_{ij} 将随工人生产率 w_i 的增加而减小,其敏感程度取决于企业的异质性系数 γ。

考虑到我国水产品出口的特征,还可以引进几个特殊的影响因素。

（一）外部冲击

2000～2016 年间,我国水产品出口经历了几次明显的外部冲击。2007 年起源于美国次贷危机持续到 2008 年年底的全球金融危机使我国水产品的出口又陷入了泥泞。随后 2009 年爆发的欧债危机持续时间和破坏力也非常强大,它的负面影响通过国际贸易、资本和信心等多渠道对全球经济产生了重压。水产品贸易自然也跟着受到了重创。这反映在我国水产品出口的贸易数据方面可以明显看到这些外部冲击的影响。从外部冲击的破坏力和冲击力来看,它对二元边际的影响预期应该为负。

（二）技术性贸易壁垒

从理论上来看,技术性贸易壁垒会对集约边际产生抑制效应。由于技术性贸易壁垒的存在,会使我国水产品出口到其他国家或地区时遇到屏障,使出口数量下降。但是它对扩展边际的影响有可能产生正面效应,从情理中分析,由于有技术性贸易壁垒的存在,原有的水产品种类下的出口受到限制,所以出口国可能倾向于出口新种类产品,使出口产品种类增加。当然,也有可能产生抑制作用,扩展边际到底是促进还是抑制了水产品的出口不好下定论,要通过实证来检验。

（三）区域贸易安排

2001 年中国加入 WTO,给我国包括水产品在内的所有贸易品带来了前所未有的机遇。欧盟、北美自贸区、东盟这些区域性自由贸易组织的建立以及我国与它们的交往和联系都对中国水产品出口产生了影响。

另外,中国近年来积极与世界很多国家和区域组织签订自由贸易协定,这些贸易安排预期会对集约边际产生正向影响,对扩展边际既有可能产生正向也可能产生负向作用,要通过进一步的实证去验证。

6.2 影响因素的指标构建与测算

上面的理论分析对影响出口二元边际的因素有了大致的了解和把握,本节将逐个分析上节提及的各个影响因素,选择恰当的指标来表征它们,并进行测算。

6.2.1 一般影响因素

6.2.1.1 经济规模(y)

衡量一国经济规模的指标有该国当年 GDP 值和相对 GDP 指标两种。数据可以从世界银行的 WDI 数据库获得。这个数据库中关于 GDP 的值有三个衡量标准:以现价美元衡量;以购买力平价衡量;以不变价美元衡量。我国国内统计 GDP 的标准是以现价美元衡量,本书同样采用这种衡量标准。从上面理论分析可知,两者对集约边际影响完全相同,因此数据的统计性质将成为指标选择的主要标准。

6.2.1.2 固定贸易成本(f)和可变贸易成本(τ)

贸易成本是除了生产商品的边际成本之外的其他一切成本的统称,包括运输成本、政策成本、信息成本、合同实施成本、法律法规成本及分销成本等所有可以直接计算或者不能直接计算的成本。一般情况下,运输成本、政策成本等可以根据可获得的信息直接测算出来,而信息成本、合同实施成本、法律法规成本等无法直接测算,只能依靠间接方法衡量。这自然引申出针对它的两种测算方法。

直接测度法就是通过获取数据直接测算贸易成本;间接测度法则是通过引力模型等间接方法推算贸易成本。由于贸易成本构成的复杂性,对于它的测算目前以间接测度法为主。间接测度法中又以 Anderson & Wincoop[①] 的多国一般均衡贸易模型和 Novy[②] 的改进贸易成本估计引力模型最具代表性。

Anderson & Wincoop(2003)基于赫克歇尔—俄林的要素禀赋模型(H-K模型)和规模报酬递减规律对贸易引力模型进行了进一步的推导,建立了多国一般均衡贸易模型,其模型的一般形式为:

$$\text{Trade}_{ij} = \frac{Y_i Y_j}{Y^w} \left(\frac{t_{ij}}{\pi_i P_j} \right)^{1-\sigma} \tag{6.13}$$

其中,Trade_{ij} 为 i 国向 j 国的出口,Y_i 和 Y_j 分别表示国家 i 和国家 j 的经济规模,Y^w 是所有国家的经济规模总和,t_{ij} 为贸易成本,σ 表示商品之间的替代弹性。π_i 和 P_j 分别是 i 和 j 国的价格指数。这个模型中事先假定双边的贸易成本是对称的,也就是说,中国出口到美国的贸易成本等于美国出口到中国的贸易成本。这可能与现实中的情况有些出入。

另外,Anderson & Wincoop(2003)用价格指数来代替多边阻力也被认为不是一个理想的办法。Novy[③] 在他们的基础上完善了贸易成本估计模型,不仅解决了贸易成本是否对称的问题,而且也给出了多边阻力的测量方法。Novy(2008)认为,与国际贸易会受到双边贸易成本变化的影响类似,国内贸易也同样受到它的影响,假设一国与他国的贸易成本提高,那么该国一部分出口产品就会转成国内消费。这时的国内贸易表达式为:

$$\text{Trade}_{ii} = \frac{Y_i Y_i}{Y^w} \left(\frac{t_{ii}}{\pi_i P_i} \right)^{1-\sigma} \tag{6.14}$$

将公式(6.14)进行转换,得到多边阻力变量 π_i 和 P_i 的乘积:

$$\pi_i P_i = t_{ii} \left(\frac{\dfrac{\text{Trade}_{ii}}{Y_i}}{\dfrac{Y_i}{Y^w}} \right)^{\frac{1}{\sigma-1}} \tag{6.15}$$

根据公式(6.15),也可以得到国家 j 对国家 i 出口的形式:

① Anderson J E, Wincoop E V. Trade Costs[J]. Journal of Economic Literature, 2004, 42(3):691-751.

② Novy D. International trade without CES: Estimating translog gravity[J]. Journal of International Economics, 2013, 89(2):271-282.

③ Novy D. Gravity Redux: Measuring International Trade Costs with Panel Data[C], University of Warwick, Department of Economics, 2008:101-121(21).

$$\text{Trade}_{ji} = \frac{Y_i Y_j}{Y^w} \left(\frac{t_{ji}}{\pi_j P_i} \right)^{1-\sigma} \tag{6.16}$$

将公式(6.13)和(6.16)合并得到:

$$\text{Trade}_{ij}\,\text{Trade}_{ji} = \left(\frac{Y_i Y_j}{Y^w} \right)^2 \left(\frac{t_{ij} t_{ji}}{\pi_j P_i \pi_i P_j} \right)^{1-\sigma} \tag{6.17}$$

由公式(6.15)可以得到:

$$\pi_j P_j = t_{jj} \left(\frac{\dfrac{\text{Trade}_{jj}}{Y_j}}{\dfrac{Y_j}{Y^w}} \right)^{\frac{1}{\sigma-1}} \tag{6.18}$$

这样将公式(6.15)和(6.18)代入(6.17)可以得到:

$$\frac{t_{ij} t_{ji}}{t_{ii} t_{jj}} = \left(\frac{\text{Trade}_{jj}\,\text{Trade}_{ii}}{\text{Trade}_{ij}\,\text{Trade}_{ji}} \right)^{\frac{1}{\sigma-1}} \tag{6.19}$$

这里,Novy(2008)充分考虑到两国贸易成本可能不对称,即$t_{ij} \neq t_{ji}$;同时,两国国内的贸易成本也可能不对称,$t_{ii} \neq t_{jj}$。所以他对公式(6.19)取其几何平均值然后减1,得到贸易成本:

$$c_{ij} = \left(\frac{t_{ij} t_{ji}}{t_{ii} t_{jj}} \right)^{\frac{1}{2}} - 1 = \left(\frac{\text{Trade}_{jj}\,\text{Trade}_{ii}}{\text{Trade}_{ij}\,\text{Trade}_{ji}} \right)^{\frac{1}{2(\sigma-1)}} - 1 \tag{6.20}$$

贸易成本c_{ij}是一个关税当量。由公式(6.20)可以看出,当两国双边贸易相对于国内贸易有所提高时,两国贸易成本c_{ij}下降,贸易就会变得更加容易。

公式(6.20)提供了间接测算贸易成本的方法,只要知道两国各自的国内贸易额和相互的出口额就可以测度两国间的贸易成本,这个从数据的可获得性上更具有可行性,从含义上也比较容易理解:当两国国内贸易额相对于相互贸易额增加时,意味着国内贸易更容易进行,那么两国间贸易成本较高。若两国国内贸易额和相互贸易额不变的情况下,商品替代弹性σ越小,两国间贸易成本越大。

具体到数据选取方面,公式(6.20)中两国国内贸易没有现成的数据,参照Wei(1996)的做法,令国内贸易为总收入与出口的差额,由于GDP中包含了不可贸易产品,所以总收入中要减去不可贸易产品的收入。国际贸易中专门衡量可贸易品份额的指标,借鉴 Evenett 和 Keller[1] 的观点:可贸易品份额一般介于

---

[1] Simon J. Evenett, Keller W. On Theories Explaining the Success of the Gravity Equation[J].Journal of Political Economy, 2002, 110(2):281-316.

0.3～0.8之间,发展水平较低的国家的这个值也较低。Novy(2008)为了分析简便,假设所有国家的可贸易品份额为0.8,国内很多文献也沿用这个数值,我们也作此假定。

商品替代弹性σ的取值,参照Anderson & Wincoop(2003)的做法,他们总结之前学者的估计结果,认为σ一般介于5到10之间,所以σ取值,按照惯例也选择数值为8。这样,公式中的所有变量和参数的值已被选取,可以计算以关税当量表示的中国与21个国家或地区之间的贸易成本,结果如表6-1和表6-1(续)所示。由于中国香港、新加坡为转口港,从搜集到的GDP和出口数据来看,这两个地区的国内生产总值小于它们当年对应的出口额,所以下面的实证分析中也剔除中国香港和新加坡。

表6-1　2000～2016年中国与21个国家或地区双边贸易成本(关税当量)

	日本	美国	韩国	泰国	马来西亚	德国	菲律宾	英国	西班牙
2000	0.684	0.774	0.618	0.746	0.526	0.838	1.103	1.035	1.305
2001	0.675	0.770	0.628	0.742	0.490	0.815	1.074	1.026	1.306
2002	0.637	0.740	0.591	0.715	0.458	0.781	0.976	1.041	1.260
2003	0.585	0.696	0.536	0.646	0.383	0.715	0.874	0.994	1.177
2004	0.549	0.659	0.477	0.597	0.357	0.663	0.819	0.951	1.141
2005	0.533	0.631	0.457	0.543	0.223	0.644	0.789	0.921	1.080
2006	0.514	0.602	0.447	0.523	0.204	0.601	0.790	0.905	1.062
2007	0.515	0.606	0.440	0.524	0.387	0.604	0.826	0.901	1.031
2008	0.536	0.629	0.409	0.534	0.454	0.611	0.902	0.897	1.056
2009	0.608	0.678	0.470	0.607	0.533	0.656	1.051	0.939	1.167
2010	0.569	0.638	0.438	0.557	0.522	0.592	0.963	0.887	1.106
2011	0.574	0.643	0.427	0.515	0.534	0.584	0.975	0.883	1.090
2012	0.602	0.650	0.455	0.541	0.556	0.608	0.998	0.916	1.108
2013	0.612	0.655	0.470	0.574	0.559	0.632	0.983	0.910	1.113
2014	0.618	0.663	0.486	0.581	0.585	0.627	0.958	0.879	1.104
2015	0.647	0.683	0.506	0.604	0.602	0.649	0.994	0.881	1.108
2016	0.666	0.698	0.535	0.608	0.626	0.649	0.968	0.942	1.103

数据来源:根据世界银行与联合国商品贸易统计数据库相关数据计算所得

由表 6-1 可以看出,2000～2016 年间中国与表中 9 国的双边贸易成本大体都经历了先降低然后又有所增加的变化轨迹:2001 年 12 月 11 日,中国加入了世界贸易组织(WTO),从 1992 年中国启动进入 WTO 进程,就一直致力于大幅度自主降低关税进程,到 2001 年正式加入 WTO 时,中国的关税总水平已经由 1992 年的平均 42% 降低到了 2001 年的 15%。加入 WTO 后,中国更是积极主动地履行降税承诺,逐年下调关税税率,在经历了 WTO 给予发展中国家十年过渡期后,中国在 2011 年实现了平均关税水平 9.8%,圆满完成了 2001 年加入 WTO 时承诺的降税目标。

虽然加入世界贸易组织对某些产业的发展会带来一些弊端,但是,总体而言中国加入 WTO 对贸易发展带来的优势是最直接和明显的,从表中的双边贸易成本计算结果来看,2002～2007 年间的贸易成本下降迅速,降幅巨大。这也正好证明了加入 WTO,可以减少贸易的障碍、创造自由贸易的环境、有效地促进 WTO 成员间的贸易,降低双方贸易成本。

表 6-1 中大多数国家从 2008 年开始与中国双边的贸易成本开始上升,这也与当时的全球经济局势有密切关系:2008 年,美国爆发了著名的次贷危机,继而引发了半个多世纪以来最严重的全球经济危机,导致了全球经济的大衰退,势必导致总需求和国外需求同时下降,这样,国内需求和国外需求的双下降使得就业机会减少,各国为改善这样的萧条局面通常都会采取贸易保护措施,从而导致贸易成本上升,各国间的相互贸易量和贸易机会减少。

这种结果对双边贸易成本的直接影响就是导致中国与 21 个国家或地区2008 年和 2009 年两年的双边贸易成本比之前年份有了明显的增加。随后的年份虽然有所缓解,但是伴随着欧债危机的爆发以及美国、欧盟、日本等发达成员的经济不景气,贸易成本相较于历史低点 2004～2007 年的水平仍然有一定的差距。

表 6-1(续)　2000～2016 年中国与 21 个国家或地区双边贸易成本(关税当量)

	加拿大	俄罗斯	巴西	法国	墨西哥	澳大利亚	印尼	意大利	荷兰	越南
2000	0.959	0.989	1.433	1.029	1.466	0.931	0.932	1.111	0.969	0.852
2001	0.952	0.964	1.311	1.049	1.407	0.913	0.996	1.081	0.952	0.867
2002	0.946	0.913	1.230	1.041	1.258	0.870	0.970	1.042	0.940	0.831
2003	0.910	0.879	1.108	0.965	1.129	0.827	0.944	1.016	0.896	0.768

（续表）

	加拿大	俄罗斯	巴西	法国	墨西哥	澳大利亚	印尼	意大利	荷兰	越南
2004	0.838	0.859	1.036	0.920	1.197	0.789	0.893	0.969	0.801	0.676
2005	0.815	0.814	1.008	0.893	1.064	0.735	0.819	0.955	0.760	0.678
2006	0.805	0.770	0.975	0.852	0.993	0.713	0.828	0.914	0.713	0.675
2007	0.803	0.772	0.949	0.847	0.998	0.701	0.837	0.901	0.703	0.639
2008	0.822	0.755	0.898	0.872	1.019	0.702	0.801	0.923	0.732	0.644
2009	0.874	0.841	0.933	0.941	1.025	0.704	0.865	0.993	0.800	0.691
2010	0.847	0.792	0.873	0.891	0.922	0.653	0.826	0.924	0.720	0.628
2011	0.836	0.763	0.844	0.874	0.897	0.648	0.792	0.923	0.720	0.571
2012	0.835	0.781	0.859	0.889	0.909	0.673	0.812	0.987	0.670	0.566
2013	0.849	0.801	0.851	0.911	0.911	0.678	0.822	0.999	0.691	0.545
2014	0.867	0.797	0.881	0.909	0.928	0.684	0.862	0.992	0.696	0.514
2015	0.877	0.836	0.892	0.920	0.936	0.725	0.900	1.016	0.743	0.484
2016	0.890	0.831	0.937	0.947	0.908	0.721	0.900	1.021	0.781	0.458

数据来源：根据世界银行与联合国商品贸易统计数据库相关数据计算所得

　　表 6-1（续）所列出的余下 10 国与中国的双边贸易成本同样延续了表 6-1 中 9 个国家的总体特征：由于中国 2001 年加入 WTO，使得与中国双边的贸易成本在 2002～2007 年间迅速下降，然后在 2008 年由于受到次贷危机的冲击带来了全球贸易的衰退，导致了贸易成本的增加，使得 2008 年和 2009 的贸易成本都有了明显的增长。随后的 2010～2016 年尽管一直保持在下降通道中，但是由于欧债危机以及全球经济、贸易复苏缓慢等外部因素的影响，较 2004～2007 年的历史低位仍然有所增加。

　　总体的情况大致就是这样。具体到研究的这 19 个国家，从两张表中可以发现，中国与不同区域之间以及同一区域不同国家间的双边贸易成本各有差异。与贸易往来关系比较密切，交易时间由来已久的国家间的贸易成本较低，例如日本、美国和韩国等。日本、韩国与中国的地理位置也比较靠近，而且长期的贸易往来使得双方的贸易自由化程度比较高，使得中国对日本和韩国的双边贸易成本相较于其他国家也比较低。

　　美国、加拿大和墨西哥同处于北美洲，与中国的地理距离三者差距不大，但是从贸易成本的计算结果来看,三国的差距比较大:美国最低,加拿大居中,墨西哥与中国的贸易成本最高。这就反映出三国与中国贸易的自由化程度不一样,也从另一个侧面反映出发达国家普遍实行低关税、鼓励经济开放的贸易政策,而发展中国家在贸易保护方面的壁垒稍微高一些,当然从墨西哥、巴西与中国贸易成本 2000~2016 年间的纵向变化来考察的话,它们与中国的双边贸易成本在不断地降低,说明发展中国家也正在加快贸易自由化的进程,虽然没有发达国家的贸易自由化程度高,但是仍然在努力地进行着这种改变。

从德国、英国、西班牙、法国、意大利和荷兰的贸易成本测算结果来看,相比较美国等国家而言,这些欧盟成员国与中国的双边贸易成本较高,也说明了欧盟这个区域经济组织作为整体来说,对外存在着一定程度的贸易壁垒,这个测算结果跟现实的情况确实也能吻合起来,欧盟成员国内实行着自由贸易政策,成员间货物、服务和资金自由流动,但是对欧盟成员之外的国家贸易壁垒确实不少,特别是针对农产品方面的壁垒更加严苛,使得别的国家出口到欧盟的商品的贸易成本增加不少。

从表 6-1 和表 6-1(续)中还可以发现,中国同东盟成员方的贸易成本也经历了不小的波动。除了跟其他研究对象国一样,存在着 2002~2007 年由于中国加入 WTO 带来的贸易成本下降幅度较大的现象之外,中国同印尼、越南、泰国、马来西亚、菲律宾等东盟国家在 2010 年及之后几年的贸易成本下降幅度都不小,这主要缘于 2010 年 1 月 1 日中国—东盟自由贸易区的正式全面启动,双方超过九成的贸易商品实行零关税,双边平均关税水平分别从 9.8%(中国对东盟)和 12.8%(东盟对中国)降到 0.1% 和 0.6%。关税水平的大幅度下降有力推进了双边贸易的快速发展和增长。在这种时代背景下,贸易成本自然大幅降低。

综上可以看出,贸易成本是个多因素综合体,不仅与地理位置有关,还受到双边的贸易关系、政策取向、法律法规和区域贸易安排等多种因素的影响。从上述 2000~2016 年中国与 19 国贸易成本的演进过程来看,随着全球经济一体化程度的提高和贸易自由化进程的不断深入,中国与这 19 个国家的双边贸易成本整体下降,个别年份有反弹。

Novy(2008)的这种间接测度贸易成本的方法测算出的贸易成本是以关税当量表示的综合体,反映的是运输成本、信息成本、政策成本、合同成本、法律法规成本和分销成本等各个成本对贸易的综合影响,但是无法将固定贸易成本和可变贸易成本这两种类型的贸易成本有效地分离出来。所以,接下来引入一个指数将两者有效分离开。

　　Head[1] 为了解决这个分离固定贸易成本和可变贸易成本的问题,定义了贸易自由度指数 ϑ。他定义贸易自由度为两国贸易的难易程度,并给出了贸易自由度的函数表达式:

$$\vartheta_{ij} = \tau_{ij}^{1-\sigma}, \vartheta_{ij} \in [0,1], \sigma > 1$$

其中,σ 是商品之间的替代弹性。从这个式子可以看出,贸易自由度 ϑ_{ij} 与可变贸易成本 τ_{ij} 成反比,τ_{ij} 越大,两国的贸易自由度指数 ϑ_{ij} 越接近 0。也就是说,两国的贸易成本越小,贸易自由度越高,贸易越发方便和自由。从 Head(2004)贸易自由度的表达式中仍然不能分离可变贸易成本和固定贸易成本,需要使它们共同进入一个函数式中。

　　Kancs(2007)在企业异质性理论前提下成功地实现了两国间可变贸易成本、固定贸易成本与贸易自由度的关系梳理,得到了三者的关系式:

$$\vartheta_{ij} = \tau_{ij}^{-\gamma} FC_{ij}^{1-\frac{\gamma}{\sigma-1}}$$

其中,ϑ_{ij} 为贸易自由度,τ_{ij} 为可变贸易成本,FC_{ij} 是固定贸易成本,σ 是商品之间的替代弹性,γ 是企业异质性指数,这个指数与企业异质性成负相关关系。这个企业异质性指数不是个固定的常数,多位学者进行过研究[2][3]。Kancs(2007)通过对 6 个东南欧国家的样本分析和实证检验,得出研究国家的 $\gamma > 2$。

　　钱学锋(2008)通过研究出口异质性和贸易成本对 2003～2006 年中国与美国、日本、韩国、俄罗斯、印度、德国和澳大利亚 7 个国家出口增长二元边际的影响,测算出中国制造业异质性指数 $\gamma = 0.377$。这远比 Kancs(2007)的测算结果 $\gamma = 7.602$ 要小很多,说明中国制造业企业的异质性程度较高,也可以从中看出,制造业产出更多地集中于少数大企业。这里所需要的 γ 涉及所有出口部门,因此沿用钱学锋(2008)的做法,取 $\gamma = 2$ 的中值来进行固定贸易成本和可变贸易成本的计算。

　　固定贸易成本指产品进入外国市场所要支付的成本,包含分销成本、营销成本、政策成本和法律法规成本等,因为具有沉没性,也被称为"沉没成本"。前面在测算贸易成本公式时,得到

---

① Head K, Mayer T. The Empirics of Agglomeration and Trade[M]// Handbook of Regional and Urban Economics. Elsevier B.V. 2004:2609-2669.

② Kancs D. Trade Growth in a Heterogeneous Firm Model: Evidence from South Eastern Europe[J]. World Economy, 2007, 30(7):1139-1169.

③ 钱学锋. 企业异质性、贸易成本与中国出口增长的二元边际[J]. 管理世界,2008(9):48-56.

$$\text{Trade}_{ii} = \frac{Y_i Y_i}{Y^w}\left(\frac{t_{ii}}{\pi_i P_i}\right)^{1-\sigma} \text{和} c_{ij} = \left(\frac{\text{Trade}_{jj}\,\text{Trade}_{ii}}{\text{Trade}_{ij}\,\text{Trade}_{ji}}\right)^{\frac{1}{2(\sigma-1)}} - 1$$

将两公式结合得到：

$$c_{ij} = \left[\frac{\left(\dfrac{Y_i Y_j}{Y^w}\right)^2}{\text{Trade}_{ij}\,\text{Trade}_{ji}}\right]^{\frac{1}{2(\sigma-1)}} \times \left(\frac{\pi_j P_i \pi_i P_j}{t_{ii} t_{jj}}\right)^{\frac{1}{2}} - 1 \qquad (6.21)$$

公式中的所有变量同前面的代表含义均相同，不再赘述。其中$\left(\dfrac{\pi_j P_i \pi_i P_j}{t_{ii} t_{jj}}\right)^{\frac{1}{2}}$就代表固定贸易成本指数。用前面公式中其他已知变量对它进行变形，可以得到固定贸易成本指数的表达式为：

$$f_{ij} = \left(\frac{\pi_j P_i \pi_i P_j}{t_{ii} t_{jj}}\right)^{\frac{1}{2}} = \left[\frac{\text{Trade}_{jj}\,\text{Trade}_{ii}}{\left(\dfrac{Y_i Y_j}{Y^w}\right)^2}\right]^{\frac{1}{2(\sigma-1)}} \qquad (6.22)$$

将公式(6.22)中所有变量的数值代入，可以测算出 2000～2016 年中国出口 21 个国家或地区的固定贸易成本指数。由于中国香港、新加坡为转口港，从搜集到的 GDP 和出口数据来看，这两个地区的国内生产总值小于它们当年对应的出口额，所以在计算中剔除中国香港和新加坡的数据，结果见表 6-2 和表 6-2(续)。

表 6-2　2000～2016 年中国出口 19 国固定贸易成本指数

	日本	美国	韩国	泰国	马来西亚	德国	菲律宾	英国	西班牙	加拿大
2000	1.329	1.263	1.513	1.605	1.467	1.389	1.688	1.424	1.529	1.467
2001	1.332	1.252	1.513	1.602	1.453	1.377	1.699	1.416	1.514	1.462
2002	1.330	1.245	1.496	1.596	1.478	1.364	1.682	1.404	1.496	1.459
2003	1.324	1.242	1.482	1.575	1.423	1.347	1.680	1.392	1.472	1.449
2004	1.312	1.234	1.457	1.546	1.418	1.329	1.666	1.375	1.453	1.432
2005	1.305	1.221	1.435	1.515	1.266	1.316	1.652	1.361	1.437	1.410
2006	1.299	1.207	1.413	1.485	1.240	1.297	1.626	1.344	1.418	1.392
2007	1.294	1.201	1.398	1.467	1.409	1.279	1.613	1.332	1.399	1.380
2008	1.282	1.196	1.385	1.443	1.432	1.267	1.605	1.332	1.387	1.370
2009	1.279	1.195	1.395	1.470	1.489	1.283	1.614	1.348	1.393	1.389
2010	1.263	1.185	1.364	1.431	1.457	1.270	1.582	1.336	1.388	1.366
2011	1.257	1.181	1.345	1.400	1.449	1.256	1.577	1.326	1.380	1.354

（续表）

	日本	美国	韩国	泰国	马来西亚	德国	菲律宾	英国	西班牙	加拿大
2012	1.251	1.173	1.342	1.407	1.453	1.256	1.560	1.322	1.383	1.347
2013	1.262	1.166	1.336	1.411	1.452	1.249	1.545	1.311	1.374	1.341
2014	1.265	1.161	1.332	1.405	1.449	1.244	1.536	1.305	1.370	1.338
2015	1.264	1.149	1.329	1.408	1.456	1.244	1.523	1.299	1.372	1.341
2016	1.259	1.151	1.338	1.412	1.473	1.248	1.527	1.313	1.374	1.349

数据来源：根据 UNCOMTRADE 和 WB 数据计算所得

　　由表 6-2 可以看出，固定贸易成本指数跟地理距离的远近确实没有太多的关系，纵向的对比比较明显。除去马来西亚，整体上，各个国家在 2000～2016 年间固定贸易成本指数下降趋势显著，幅度较大。说明了中国与研究各国在这 17 年间双边贸易的信息成本、政策成本和法律法规成本等"沉没成本"下降比较快，在双边贸易关系加强的同时贸易的便利性提高。从固定贸易成本指数的变化幅度来看，泰国、韩国、德国和西班牙四国的固定贸易成本指数总体降幅居前，分别达到 13.67%、13.03%、11.31% 和 11.26%，可见 17 年间中国与这些国家的贸易关系不断加强，这不仅因为我国经济实力和贸易能力日益提升，也与我国加入 WTO 以及与这些国家之间签订了自由贸易协议有分不开的关系。

表 6-2(续)　2000～2016 年中国出口 19 国固定贸易成本指数

	俄罗斯	巴西	法国	墨西哥	澳大利亚	印尼	意大利	荷兰	越南
2000	1.575	1.536	1.437	1.504	1.576	1.632	1.456	1.486	1.870
2001	1.564	1.539	1.426	1.492	1.572	1.629	1.444	1.476	1.852
2002	1.548	1.542	1.414	1.484	1.562	1.613	1.431	1.473	1.832
2003	1.525	1.531	1.396	1.487	1.547	1.600	1.413	1.455	1.809
2004	1.489	1.507	1.379	1.474	1.517	1.584	1.396	1.431	1.768
2005	1.452	1.469	1.367	1.453	1.492	1.558	1.384	1.410	1.733
2006	1.419	1.439	1.352	1.430	1.473	1.526	1.368	1.381	1.695
2007	1.395	1.414	1.337	1.419	1.456	1.507	1.351	1.357	1.664
2008	1.366	1.391	1.325	1.410	1.430	1.485	1.340	1.337	1.630
2009	1.397	1.391	1.333	1.427	1.439	1.483	1.351	1.371	1.643

（续表）

	俄罗斯	巴西	法国	墨西哥	澳大利亚	印尼	意大利	荷兰	越南
2010	1.367	1.358	1.326	1.400	1.409	1.447	1.344	1.335	1.602
2011	1.340	1.341	1.317	1.386	1.388	1.427	1.334	1.326	1.553
2012	1.330	1.341	1.317	1.377	1.377	1.422	1.336	1.287	1.523
2013	1.323	1.336	1.309	1.368	1.371	1.419	1.328	1.284	1.492
2014	1.329	1.335	1.306	1.362	1.375	1.419	1.324	1.286	1.463
2015	1.356	1.352	1.309	1.357	1.375	1.414	1.328	1.303	1.429
2016	1.372	1.357	1.313	1.366	1.389	1.415	1.332	1.330	1.413

数据来源：根据 UNCOMTRADE 和 WB 数据计算所得

表 6-2（续）中的 9 个国家中，固定贸易成本指数总体降幅居前的国家有越南、印尼、俄罗斯和澳大利亚，降幅分别达到 24.46%、13.31%、12.92% 和 11.87%。中国—东盟自由贸易区 2010 年 1 月 1 日正式全面启动，使中国与东盟十国双边关税水平大幅降低，越南和印尼作为东盟主要成员国，自然是这项举措的直接受益方，这从双边大幅度的贸易成本和固定贸易成本指数的大幅降低中可见一斑。俄罗斯在 2012 年 8 月 22 日加入 WTO 后，与中国的双边固定贸易成本又下降了一个阶梯，同时它与世界其他国家的对外贸易关系前进了一大步。

表 6-2 和表 6-2（续）中的计算结果也提供了一个横向比较的平台，从表中可以观察到，同期不同类型国家的固定贸易成本指数差异比较明显，例如，从美国、加拿大和墨西哥的固定贸易成本指数来看：美国＜加拿大＜墨西哥，也验证了作为"沉没成本"的固定贸易成本与运输成本无关的结论，同时也反映出中国与这三国之间贸易关系以及贸易自由程度。另外，虽然与东盟国家的固定贸易成本降幅显著，但是基数仍然较大，所以在关税与非关税成本基本很低的背景下，可以看出中国与这些国家的贸易还存在着继续下降的潜力，这可能需要从信息成本、法律法规成本等方面着手。

从表中还可以发现，中国与欧盟国家的固定贸易成本指数也处于相对高位，不同国家间的数值比较接近，这也从一个方面反映出欧盟作为一个一体化程度较高的区域组织，它内部成员的贸易政策、法律法规、关税和非关税壁垒设置等方面具有高度的一致性。

在计算出固定贸易成本指数这个影响因子后，下面来推导可变贸易成本指数。从公式 $\vartheta_{ij} = \tau_{ij}{}^{-\gamma}FC_{ij}^{1-\frac{\gamma}{\sigma-1}}$ 中可以发现,只要知道贸易自由度就可以算出可变贸易成本了。

Head(2004)在假设两国之间贸易自由度相同并且每个国家国内没有贸易成本的基础上,推算出微观角度的贸易自由度为:

$$\vartheta_{ij} = \sqrt{\frac{\mathrm{Trade}_{ij}\,\mathrm{Trade}_{ji}}{\mathrm{Trade}_{jj}\,\mathrm{Trade}_{ii}}}$$

各变量表示的意义同前述。2000～2016 年中国与 19 国的贸易自由度,详见表 6-3 和表 6-3(续)。

表 6-3　2000～2016 年中国出口 19 国贸易自由度

	日本	美国	韩国	泰国	马来西亚	德国	菲律宾	英国	西班牙	加拿大
2000	0.026 0	0.018 1	0.034 4	0.020 2	0.052 0	0.014 1	0.005 5	0.006 9	0.002 9	0.009 0
2001	0.027 1	0.018 3	0.033 0	0.020 5	0.061 4	0.015 4	0.006 1	0.007 1	0.002 9	0.009 3
2002	0.031 7	0.020 7	0.038 7	0.022 9	0.071 3	0.017 6	0.008 5	0.006 8	0.003 3	0.009 4
2003	0.039 7	0.024 8	0.049 7	0.030 6	0.103 3	0.022 9	0.012 3	0.008 0	0.004 3	0.010 8
2004	0.046 8	0.028 9	0.065 1	0.037 7	0.117 9	0.028 4	0.015 2	0.009 3	0.004 8	0.014 1
2005	0.050 4	0.032 6	0.071 9	0.048 1	0.245 0	0.030 9	0.017 0	0.010 4	0.005 9	0.015 4
2006	0.054 7	0.036 6	0.075 2	0.052 7	0.272 3	0.037 1	0.017 0	0.011 0	0.006 3	0.016 0
2007	0.054 5	0.036 2	0.077 8	0.052 4	0.101 0	0.036 6	0.014 7	0.011 1	0.007 0	0.016 1
2008	0.049 5	0.032 9	0.090 7	0.049 9	0.072 7	0.035 5	0.011 1	0.011 3	0.006 4	0.015 0
2009	0.036 0	0.026 7	0.067 5	0.036 1	0.050 3	0.029 2	0.006 5	0.009 7	0.004 4	0.012 3
2010	0.042 8	0.031 6	0.078 7	0.045 1	0.052 8	0.038 6	0.008 9	0.011 7	0.005 4	0.013 6
2011	0.041 8	0.030 9	0.082 8	0.054 5	0.050 0	0.040 0	0.008 5	0.011 9	0.005 7	0.014 2
2012	0.036 9	0.030 0	0.072 5	0.048 5	0.045 2	0.035 9	0.007 9	0.010 6	0.005 4	0.014 3
2013	0.035 4	0.029 4	0.067 5	0.041 7	0.044 7	0.032 5	0.009 2	0.010 8	0.005 3	0.013 5
2014	0.034 5	0.028 5	0.062 4	0.040 5	0.039 8	0.033 1	0.009 1	0.012 1	0.005 5	0.012 6
2015	0.030 4	0.026 2	0.057 0	0.036 6	0.037 0	0.030 2	0.008 0	0.012 0	0.005 4	0.012 2
2016	0.028 0	0.024 6	0.049 9	0.036 0	0.033 3	0.030 1	0.008 7	0.009 6	0.005 5	0.011 6

数据来源:根据 UNCOMTRADE 和 WB 数据计算所得

贸易自由度衡量了两国进行商品贸易的自由和便利程度,双边对商品流通的阻力越小,贸易自由度越高,两国间的贸易越发自由和便利。从表6-3和表6-3(续)的测算结果可以看出,我国与表中大多数国家的双边贸易自由度基本上经历了先增长后下降的一个波动过程,大体上在2006~2007年达到贸易自由度波峰位置,那个时间的双边贸易自由度都达到历史高点。然后,在2009年左右出现拐点,贸易自由度大多迅速下降,随后企稳回升,但是也没有达到之前的水平。

从个体国家的数值来看,中国与东盟国家的贸易自由度水平较高,这很大程度上得益于中国—东盟自贸区的贡献。其他亚洲国家中,与韩国的贸易自由度也相对较高。与欧盟成员国的贸易自由度比较接近,而且都不是很高,说明中国与欧盟国家的运输成本、关税成本等还需要进一步优化。

表6-3(续) 2000~2016年中国出口19国贸易自由度

	俄罗斯	巴西	法国	墨西哥	澳大利亚	印尼	意大利	荷兰	越南
2000	0.008 1	0.002 0	0.007 1	0.001 8	0.010 0	0.010 0	0.005 4	0.008 7	0.013 4
2001	0.008 9	0.002 8	0.006 6	0.002 1	0.010 7	0.007 9	0.005 9	0.009 3	0.012 7
2002	0.010 7	0.003 6	0.006 6	0.003 3	0.012 5	0.008 7	0.006 7	0.009 7	0.014 5
2003	0.012 1	0.005 4	0.008 8	0.005 0	0.014 7	0.009 5	0.007 4	0.011 4	0.018 5
2004	0.013 0	0.006 6	0.010 4	0.004 0	0.017 0	0.011 5	0.008 7	0.016 3	0.026 9
2005	0.015 5	0.007 6	0.011 5	0.006 3	0.021 1	0.015 2	0.009 2	0.019 1	0.026 7
2006	0.018 3	0.008 5	0.013 4	0.008 0	0.023 1	0.014 6	0.010 6	0.023 1	0.027 1
2007	0.018 2	0.009 3	0.013 7	0.007 9	0.024 3	0.014 2	0.011 2	0.024 0	0.031 5
2008	0.019 5	0.011 3	0.012 4	0.007 3	0.024 1	0.016 3	0.010 3	0.021 4	0.030 8
2009	0.014 0	0.009 9	0.009 6	0.007 2	0.024 0	0.012 8	0.008 0	0.016 3	0.025 3
2010	0.016 8	0.012 3	0.011 6	0.010 3	0.029 7	0.014 7	0.010 2	0.022 5	0.032 9
2011	0.018 9	0.013 8	0.012 3	0.011 3	0.030 2	0.016 8	0.010 3	0.022 4	0.042 4
2012	0.017 6	0.012 9	0.011 7	0.011 3	0.027 3	0.015 6	0.010 3	0.027 5	0.043 4
2013	0.016 2	0.013 4	0.010 7	0.010 7	0.026 7	0.015 0	0.007 8	0.025 3	0.047 6
2014	0.016 5	0.012 0	0.010 8	0.010 1	0.026 1	0.012 9	0.008 0	0.024 8	0.054 7
2015	0.014 2	0.011 5	0.010 4	0.009 8	0.022 0	0.011 2	0.007 4	0.020 4	0.063 1
2016	0.014 5	0.009 8	0.009 4	0.010 9	0.022 4	0.011 2	0.007 3	0.017 6	0.071 3

数据来源:根据UNCOMTRADE和WB数据计算所得

中国与越南之间的贸易自由度是研究的 19 个国家中唯一实现了总趋势不断升高,这不仅得益于中越山水相依的地理优势,更来源于两国全面战略合作伙伴关系的持续、健康、稳定发展。中国多年来一直是越南最大的贸易伙伴,越南也一直充当着中国在东盟第一大贸易伙伴角色。两国借着中国—东盟自贸区和"一带一路"倡议的契机,在经贸合作和对外投资方面都获得了长足的发展。这些原因使得这 17 年来中越贸易自由度不断提高,特别是从 2010 年至今增幅显著。

在获得了贸易自由度的相关数据后,可变贸易成本的测算公式顺理成章地可以得到:

$$\tau_{ij} = \left[\frac{FC_{ij}^{1-\frac{\gamma}{\sigma-1}}}{\vartheta_{ij}} \right]^{\frac{1}{\gamma}} \qquad (6.23)$$

将已知的数据和经过计算所得的数据一起代入公式(6.23)可以得到可变贸易成本指数,见表 6-4 和表 6-4(续)。

表 6-4　2000～2016 年中国出口 19 国可变贸易成本指数

	日本	美国	韩国	泰国	马来西亚	德国	菲律宾	英国	西班牙	加拿大
2000	6.860	8.088	6.249	8.331	5.029	9.458	16.267	13.646	21.644	12.069
2001	6.734	8.001	6.383	8.257	4.610	9.025	15.533	13.412	21.584	11.904
2002	6.218	7.520	5.871	7.812	4.306	8.428	13.065	13.715	20.044	11.772
2003	5.545	6.863	5.164	6.724	3.529	7.354	10.836	12.599	17.491	10.996
2004	5.096	6.339	4.484	6.016	3.299	6.565	9.740	11.620	16.415	9.577
2005	4.900	5.944	4.243	5.291	2.198	6.279	9.163	10.968	14.759	9.113
2006	4.693	5.567	4.126	5.017	2.069	5.696	9.128	10.601	14.272	8.899
2007	4.695	5.608	4.041	5.011	3.557	5.710	9.767	10.496	13.469	8.830
2008	4.912	5.878	3.729	5.101	4.217	5.776	11.244	10.409	13.994	9.135
2009	5.759	6.523	4.336	6.037	5.139	6.395	14.660	11.298	16.877	10.137
2010	5.256	5.980	3.983	5.353	4.977	5.541	12.479	10.235	15.249	9.569
2011	5.308	6.036	3.864	4.831	5.108	5.423	12.745	10.137	14.808	9.339
2012	5.642	6.113	4.126	5.137	5.374	5.725	13.217	10.749	15.272	9.307
2013	5.775	6.157	4.267	5.538	5.405	6.007	12.836	10.618	15.355	9.550

（续表）

	日本	美国	韩国	泰国	马来西亚	德国	菲律宾	英国	西班牙	加拿大
2014	5.858	6.253	4.434	5.615	5.720	5.944	12.234	10.004	15.116	9.871
2015	6.233	6.497	4.637	5.910	5.946	6.225	13.017	10.031	15.223	10.070
2016	6.486	6.711	4.968	5.962	6.293	6.233	12.435	11.245	15.103	10.335

数据来源：根据 UNCOMTRADE 和 WB 数据计算所得

表 6-4 中，2000～2016 年中国出口 10 国可变贸易成本指数总体趋势是先下降后上升。也是大约在 2009 年出现拐点，然后缓慢上升。综合前面关于固定贸易成本和贸易自由度的分析，可以发现，2009 年是个敏感年份或者说是个拐点年份，这三个因子从数值变化来看，都是在这个年份出现了转折。2008 年以来的全球金融危机给世界经济带来了巨大的冲击，引发了半个多世纪以来最严重的世界性经济危机，使得全球经济陷入了长期的衰退。同时也对各国的对外贸易产生了巨大的影响，使得原本宽松、自由的贸易环境也跟着收紧，各国纷纷采取了贸易保护主义以求尽量避免这种衰退的经济预势对国内经济更大的冲击[①]。表现在贸易成本和贸易自由度方面，从各国实实在在的贸易和经济数据验证了贸易保护主义的存在和兴起。

表 6-4（续） 2000～2016 年中国出口 19 国可变贸易成本指数

	俄罗斯	巴西	法国	墨西哥	澳大利亚	印尼	意大利	荷兰	越南
2000	13.046	26.187	13.551	27.235	11.761	11.938	15.624	12.336	10.809
2001	12.456	21.894	13.986	24.957	11.373	13.380	14.817	11.936	11.079
2002	11.316	19.325	13.746	19.929	10.482	12.720	13.839	11.679	10.313
2003	10.582	15.826	11.978	16.237	9.643	12.111	13.167	10.732	9.086
2004	10.102	13.952	11.002	18.057	8.890	10.991	12.062	8.909	7.471
2005	9.176	13.165	10.434	14.428	7.942	9.502	11.729	8.174	7.449
2006	8.365	12.330	9.623	12.701	7.557	9.614	10.840	7.388	7.339
2007	8.344	11.703	9.492	12.783	7.343	9.724	10.538	7.194	6.762

---

① 胡建雄. 本轮逆全球化和贸易保护主义兴起的经济逻辑研究［J］. 经济体制改革，2017(6)：19-26.

（续表）

	俄罗斯	巴西	法国	墨西哥	澳大利亚	印尼	意大利	荷兰	越南
2008	8.006	10.595	9.925	13.218	7.315	9.025	10.948	7.584	6.790
2009	9.534	11.306	11.298	13.424	7.355	10.194	12.448	8.761	7.512
2010	8.617	10.039	10.277	11.093	6.561	9.397	10.985	7.398	6.521
2011	8.081	9.456	9.938	10.575	6.465	8.754	10.934	7.384	5.684
2012	8.343	9.723	10.215	10.771	6.783	9.076	12.256	6.594	5.581
2013	8.671	9.567	10.621	10.799	6.847	9.251	12.491	6.877	5.289
2014	8.612	10.117	10.576	11.115	6.937	9.979	12.341	6.946	4.897
2015	9.345	10.373	10.798	11.270	7.558	10.706	12.881	7.689	4.520
2016	9.301	11.280	11.355	10.719	7.520	10.698	13.007	8.341	4.238

数据来源：根据 UNCOMTRADE 和 WB 数据计算所得

作为可变贸易成本的重要组成部分，两国的地理距离对可变贸易成本的影响从表中也可以看出，与中国距离比较近的国家的可变贸易成本指数相对于远的国家来说确实要低一些。距离差不多的国家之间的可变贸易成本指数差异则更多地来源于关税及非关税成本等因素。

6.2.1.3　多边阻力

多边阻力也被称作相对偏远指数，衡量的是一国与对象国之外的其他所有贸易伙伴的贸易阻力。这个阻力越大，说明该国与其他所有贸易伙伴的平均贸易成本越高，那么这个国家越倾向于与对象国进行贸易。

有了前面对于固定贸易成本和可变贸易成本的推导和计算，多边阻力的确定就显得容易多了，因为在贸易成本推导的过程中已经涉及了多边阻力的推导。这里借鉴 Kancs（2007）的做法，定义多边阻力的公式为：

$$\theta_j^{-\gamma} \equiv \sum_{r=1}^{R} \left(\frac{Y_r}{Y}\right) \vartheta_{rj}$$

这里的所有变量符号前面均有所交代，不再赘述。多边阻力相当于是各国相互之间的贸易自由度的加权平均值。而且在引力模型导出的集约边际和扩展边际表达式中，它是以与可变贸易成本比值的方式出现的，也就是说，它对两个边际的影响跟可变贸易成本的影响正好相反。

目前出现的很多关于二元边际影响因素的实证分析中,但凡涉及用到多边阻力这个变量来进行实证分析的,多数是因为可变贸易成本用了其他替代变量(如地理距离等),本书的可变贸易成本推导和计算都是用了实际的可变贸易成本指数。与多边阻力推导在同一个模型中,为避免实证中出现多重共线性,同时由于多边阻力计算所需部分数据的不可获得性,所以多边阻力在这里不进入实证模型。

6.2.1.4 生产率水平和工人工资

生产率水平反映的是生产者单位时间创造的价值,表示为同一劳动量在单位时间内生产的产品数量。从经济学角度来看,较高的劳动生产率与较高的工资水平是相对应的[①]。抛开其他因素影响,劳动者的劳动生产率越高,工资水平也应该越高。所以,它们两者之间存在正相关关系。生产率水平一般用总体或者某行业的增加值与全部或者某行业就业人口数量的比值来计算。

为剔除价格指数及绝对数据偏差的影响,下面的实证分析中用研究的 21个对象国家或者地区的平均生产率水平与中国平均生产率水平的比值作为生产率水平及工人工资的替代变量。研究中用到的是我国水产品的生产率水平及工人工资,虽然我国水产品行业增加值可以近似用我国渔业增加值这个变量来代替,水产品就业人口数量可以用渔业从业人口数量替代,这两个数据均可以从历年的《中国渔业统计年鉴》获取,但是 21 个研究对象国家或者地区的相关数据无法获得。所以,用农业平均生产率水平来替代水产业平均生产率水平。

用于农业平均生产率水平计算的相关国家 2000～2016 年农业增加值和农业从业人数等相关数据可以从世界银行统计数据库获取。表 6-5 和表 6-5(续)是通过计算获得的 2000～2016 年 21 个国家或地区相对中国的农业生产率水平(工资水平)。

表 6-5 2000～2016 年 21 个国家或地区相对中国的农业生产率水平

	日本	美国	中国香港	韩国	泰国	马来西亚	德国	菲律宾	英国	西班牙	加拿大
2000	45.594	95.444	33.346	21.169	1.280	9.208	41.333	2.172	66.447	45.679	73.267
2001	36.212	99.041	41.877	18.843	1.222	9.688	43.234	1.721	64.995	44.125	75.970
2002	35.372	85.189	30.874	19.785	1.304	11.312	38.941	1.776	66.604	48.322	72.477

---

① 王宏. 工资增长、地区分布与劳动生产率的影响因素[J]. 改革,2014(2):28-39.

（续表）

	日本	美国	中国香港	韩国	泰国	马来西亚	德国	菲律宾	英国	西班牙	加拿大
2003	34.432	100.723	30.579	20.839	1.539	12.396	42.725	1.637	83.488	58.617	77.676
2004	28.261	94.750	20.077	19.772	1.398	10.451	44.478	1.471	75.693	49.371	69.391
2005	23.384	85.422	17.823	19.225	1.356	9.521	30.943	1.383	49.772	42.342	66.166
2006	19.637	70.245	16.309	18.185	1.422	9.601	29.789	1.387	45.162	37.231	62.478
2007	14.590	61.740	17.637	14.098	1.278	9.923	27.334	1.316	39.797	35.734	53.482
2008	12.354	47.966	9.187	9.192	1.115	9.261	30.382	1.171	38.823	30.540	48.595
2009	12.188	40.362	9.957	7.934	1.040	6.884	21.961	1.013	25.096	25.126	34.231
2010	11.565	36.614	6.950	8.029	1.135	7.281	17.959	0.936	23.429	21.667	34.371
2011	9.809	33.600	5.204	7.062	0.961	8.842	17.551	0.820	18.060	17.710	35.489
2012	9.346	28.251	5.156	6.087	0.853	5.980	14.125	0.739	15.696	14.098	32.238
2013	6.560	29.077	4.758	5.273	0.766	4.574	16.287	0.660	16.244	13.434	28.179
2014	5.305	22.417	5.145	5.365	0.693	4.172	12.372	0.612	12.425	10.918	23.619
2015	4.567	16.961	5.276	5.244	0.598	3.142	8.358	0.546	11.546	9.159	20.295
2016	5.484	17.895	5.501	5.581	0.599	3.256	8.652	0.532	9.547	9.301	21.019

数据来源：根据世界银行统计数据库相关数据计算所得

表6-5和表6-5（续）中，21个国家或地区相对中国的农业生产率水平是用21个国家或地区各自的农业就业人口人均增加值与中国农业就业人口人均增加值的比值来计算，其中，农业就业人口人均增加值通过当年各国农业增加值除以农业就业人口数量得到。而这两个数值可以根据它们占GDP的比例和占总就业人口数量的比例分别获取。

由表中计算的结果可以看出，2000～2016年间各国或地区相对中国的农业生产率水平呈快速下降趋势，下降的速度和幅度都非常巨大。尤其是与经济发达的国家相比，下降趋势非常明显，美国的相对生产率从高达100降到2016年的17.895，降低了80%以上。

表 6-5(续) 2000～2016 年 21 个国家或地区相对中国的农业生产率水平

	俄罗斯	巴西	法国	墨西哥	新加坡	澳大利亚	印尼	意大利	荷兰	越南
2000	3.513	5.375	62.741	6.909	10.820	63.755	1.290	59.119	83.314	0.496
2001	4.895	3.892	60.483	7.202	8.170	63.557	1.225	54.798	81.869	0.495
2002	5.272	3.783	58.972	6.883	7.431	76.499	1.439	57.186	88.027	0.528
2003	6.338	4.343	60.427	6.682	6.405	69.286	1.514	68.325	92.147	0.552
2004	6.435	3.574	58.645	5.565	5.380	77.848	1.257	67.654	69.150	0.495
2005	6.609	3.494	53.964	5.667	3.986	75.918	1.150	54.606	64.804	0.560
2006	6.898	3.702	43.386	5.217	3.349	68.617	1.303	46.598	63.383	0.565
2007	7.371	3.775	43.225	4.690	2.654	49.151	1.241	42.364	56.353	0.487
2008	7.305	3.683	41.775	3.675	1.925	47.985	1.155	36.134	45.791	0.546
2009	5.467	3.184	28.582	2.816	1.666	37.024	1.155	29.405	36.547	0.520
2010	4.944	3.222	28.592	2.569	1.468	35.829	1.152	23.308	31.970	0.478
2011	5.370	3.320	24.645	2.205	1.214	39.532	1.106	21.192	26.166	0.445
2012	4.783	2.735	19.500	1.918	1.016	37.108	0.964	17.322	21.931	0.424
2013	4.628	2.487	14.838	1.711	0.912	34.382	0.815	16.672	27.399	0.369
2014	4.078	2.032	15.333	1.989	0.888	25.517	0.710	13.588	21.814	0.349
2015	2.856	1.967	12.805	1.259	0.729	24.479	0.663	10.916	16.864	0.342
2016	2.898	2.268	10.884	1.274	0.737	22.814	0.724	10.807	17.770	0.354

数据来源:根据世界银行统计数据库相关数据计算所得

从表 6-5 和表 6-5(续)中,还可以发现,与经济发展水平较高的国家的相对生产率水平大于 1,也就是说它们的农业生产率高于中国;与发展中国家的相对生产率水平较低,特别是 2010 年以来,这个数值基本是小于 1 的水平,说明它们的农业生产率低于中国。从两表 21 个国家或地区或地区相对中国的农业生产率水平变化特征和趋势来看,也可以发现,我国在这 17 年来,农业领域的劳动生产率水平提高很快。

6.2.2　特殊影响因素

6.2.2.1　外部冲击(SHK)

外部冲击是指外部经济环境对一国经济的影响,这种影响主要通过国际供求关系的改变这一途径来实现[①]。外部冲击分为系统性外部冲击和局部性外部冲击两种类型。系统性外部冲击是指全面的而且会对整个世界经济产生影响的事件,这种冲击影响范围广,持续时间长;局部性外部冲击是指小范围事件,可能只对某个国家或者某些国家经济产生影响,且影响时间比较短,影响范围比较小。

2000~2016 年的 17 年间,全球经济经历了几次激烈的系统性外部冲击。2008 年源于美国次贷危机继而引发的全球金融危机使世界经济陷入了泥淖。随后 2010 年全面爆发的欧洲主权债务危机持续时间和破坏力也非常强大。两次系统性经济危机使世界经济原本强劲有力的发展势头瞬即遭到打压,美元、欧元等国际货币持续贬值,对正在上升期的我国出口产生强大的副作用和极大的抑制[②]。这是比较有影响力和破坏性的全球范围的外部冲击。

局部性外部冲击中比较有代表性和针对性的案例是 2012 年的"钓鱼岛事件",一度使中日两国的政治和经济关系跌至冰点,这一事件也直接使两国双边贸易额急剧下滑,日本对中国的出口额由 2012 年的 1 442 亿美元下降至 2013 年的 1 294 亿美元,中国对日本的出口额也由 2012 年的 1 885 亿美元下降至 2013 年的 1 809 亿美元。表现在水产品出口方面,中国出口日本水产品额由 2012 年的 41 亿美元骤降到 2013 年的 38 亿美元,与同期中国水产品出口其他 20 国家或地区的出口额增加现实形成鲜明对比,可见,"钓鱼岛事件"对中日两国水产品贸易产生了不小的影响。

另一个局部性外部冲击则是"萨德"事件带来的中韩政治、经济和贸易关系恶化。始于 2016 年 7 月韩、美两国达成在韩国部署萨德反导系统的协议,引发了韩国及周边国家的争议和反对,但是韩国政府仍然不顾这些反对和不满,于 2017 年 7 月完成了部分部署。这种行为也遭到了部分周边国家的反制。贸易、旅游和文化交流可能是受到影响最大的三个领域。

① 郎金焕. 外部冲击与中国经济波动:基于对外贸易视角的研究[D]. 浙江大学,2013.
② 李成、刘生福. 外部冲击对我国经济的影响加剧了吗——基于亚洲金融危机和次贷危机后经济波动的比较[J]. 经济学家,2013(1):30-37.

　　根据讨论,外部冲击以虚拟变量形式进入模型,选取 2008 和 2010 年为两次系统性外部冲击的年份,赋值为 1,其他年份赋值为 0。选取 2012 年为"钓鱼岛事件"这个局部性外部冲击的年份,赋值为 1,其他年份为 0。由于萨德事件发生在 2016～2017 年之间,正好处于本次研究时段的末端,所以萨德事件在本书中不进入模型讨论。

6.2.2.2　技术性贸易壁垒(TBT)

　　技术性贸易壁垒的定义已经广为熟知,由于它具有表现形式多样性和涉及内容广泛性特征,以及这些壁垒的表现形式合法合规,所以到目前为止它已成为国际贸易中最隐蔽和最难对付的非关税壁垒形式。WTO 关于技术性贸易壁垒的文件主要 TBT 协定(《技术性贸易壁垒协定》)和 SPS 协定(《实施动植物卫生检疫措施的协定》),这两个协定都是在 WTO 1995 年 1 月 1 日正式成立时开始执行的。根据联合国贸发会议《贸易政策重要数据及趋势》报告的分析,技术性贸易壁垒影响到 70% 的世界贸易。所有行业中,农业受影响最大,几乎 90%以上的农产品贸易都受到 TBT 和 SPS 的影响。

　　据我国商务部发布的信息,从 2003 年开始,世界 TBT-SPS 通报数量大幅增加,各国在关税这种贸易保护手段受到 WTO 限制和缩减背景下,越来越多地采用技术性贸易壁垒这种隐蔽且非对等的贸易保护措施。2003 年商务部对 2002 年中国出口企业遭受技术性贸易壁垒影响的情况显示,我国 71% 的出口企业受到 TBT 限制,而且农产品受到的影响最为严重,当年针对我国农产品的技术性贸易壁垒高达 20 项,导致多种农产品出口下降超过 15%。2015 年,WTO 成员 TBT 的通报数为 1 465 项,SPS 通报数为 1 682 项。

　　中国国家质量监督检验检疫总局对全国范围 4 132 家出口企业抽样调查结果显示,我国 40% 的出口企业受到技术性贸易壁垒的影响,企业新增检验检疫、认证等成本 247.5 亿美元,占出口额的 1.1%,因技术性贸易壁垒造成的直接损失 933.8 亿美元,占到出口额的 4.1%。2016 年,WTO 成员 TBT 的通报数为 2 336项,SPS 通报数为 1 392 项,TBT 通报数量比 2015 年有了较大的增长[①]。全国 34.1% 的出口企业受到技术性贸易壁垒的影响,企业新增检验检疫、认证等成本占同期出口额的 1.5%,因技术性贸易壁垒造成的直接损失占到同期出口额的 2.4%。2016 年中国向 WTO 成员通报 48 件技术性贸易措施,其中,

---

① 中国 WTO/TBT-SPS 通报咨询网 http://www.tbt-sps.gov.cn/

TBT 通报数 35 件,SPS 通报数 13 件,通报数量在所有成员方中占 22 位。

由于专门针对水产品的 TBT/SPS 通报数量较少,很多国家在很多年份的数量为 0,不利于用量化的方法来测算技术性贸易壁垒,以下利用中国 WTO/TBT-SPS 通报咨询网查询 TBT 通报数据时,选取 ICS(国际标准分类)分类中的食品技术大类来替代研究对象——水产品;查询 SPS 通报数据时,选取的目的和理由是食品安全这项。2000~2016 年间,研究的 19 个中国水产品贸易伙伴国(同前面影响因素分析类似,由于中国香港和新加坡属于转口港,在影响因素实证分析中不再考虑这两个研究对象)针对食品技术发布的 TBT 通报和关于食品安全的 SPS 通报数量详见表 6-6 和表 6-6(续)。

表 6-6　2000~2016 年 19 国 TBT/SPS 通报数量

	日本		美国		韩国		泰国		马来西亚		欧盟		菲律宾	
	T	S	T	S	T	S	T	S	T	S	T	S	T	S
2000	3	7	7	99	5	5	1	6	3	1	5	14	1	3
2001	10	7	12	99	9	5	49	6	5	1	8	14	1	3
2002	23	19	16	280	13	20	58	16	6	2	12	52	1	17
2003	40	30	26	480	19	45	66	29	6	2	17	110	1	19
2004	47	46	38	720	22	66	76	37	6	5	27	190	1	29
2005	56	60	61	926	27	88	78	50	6	5	31	231	1	37
2006	70	73	81	1 270	31	108	80	61	6	6	41	273	8	42
2007	80	92	114	1 596	42	143	87	67	6	6	45	316	8	52
2008	100	108	148	1 720	62	178	90	74	7	9	55	333	10	56
2009	104	125	169	1 819	76	226	102	88	7	13	81	383	12	74
2010	108	143	183	1 983	89	254	120	105	7	13	99	436	14	94
2011	111	160	209	2 174	94	274	122	111	9	15	130	485	18	108
2012	113	177	243	2 366	107	310	127	121	10	16	154	542	20	116
2013	115	196	280	2 510	112	340	131	147	10	17	175	590	20	123
2014	116	247	300	2 602	117	361	134	150	22	22	195	648	24	143
2015	119	293	315	2 668	122	392	136	156	26	25	207	677	24	174
2016	121	353	336	2 754	144	415	141	162	28	25	226	700	24	202

数据来源:中国 WTO/TBT-SPS 通报咨询网

由表 6-6 可以发现,越是经济发达国家和区域,TBT/SPS 通报数量相比较来说越多,特别是 2008 年以来,这种趋势更加明显。美国不论是 TBT 量还是 SPS 量都遥遥领先其他国家和地区,其次是欧盟、韩国和日本,也从现实角度验证了技术性贸易壁垒是经济发达国家使用最频繁的贸易保护措施。像泰国、马来西亚和菲律宾这样的发展中国家,近年来逐渐意识到技术性贸易壁垒这种工具的有效性,增加了它们的使用,从表中可以看到,这几个国家从 2008 年开始加大了通报数量的发布力度,虽然基数较小,发展劲头很足。

表 6-6(续)　2000～2016 年 19 国 TBT/SPS 通报数量

	加拿大		俄罗斯		巴西		墨西哥		澳大利亚		印度尼西亚		越南	
	T	S	T	S	T	S	T	S	T	S	T	S	T	S
2000	3	10			1	1	5	8	5	1	3	1		
2001	5	10			8	1	6	8	5	1	3	1		
2002	5	60			14	9	10	18	6	9	4	3		
2003	6	98			34	18	19	29	8	18	4	3		
2004	7	156			41	22	25	36	11	32	4	3		
2005	14	200			56	40	26	38	14	46	4	5		
2006	17	230			63	103	26	38	17	53	4	8		
2007	22	266			71	240	28	38	21	63	4	10		
2008	26	327			84	317	32	38	22	70	4	10		1
2009	30	401			99	409	41	51	22	81	7	12		9
2010	33	568			123	493	52	69	22	88	8	14	3	15
2011	36	712			146	570	74	88	24	113	9	15	4	22
2012	43	876	1	3	171	644	100	100	26	141	19	20	6	28
2013	50	1 093	8	50	182	688	109	127	27	162	21	25	14	45
2014	56	1 256	12	102	190	786	113	144	27	178	24	50	17	49
2015	59	1 332	13	112	197	850	113	148	28	194	29	59	19	54
2016	61	1 431	16	114	208	962	119	151	29	216	31	67	20	60

数据来源:中国 WTO/TBT-SPS 通报咨询网

　　同样的结果在表 6-6(续)中也可以看到：发达国家，如加拿大和澳大利亚，它们的 TBT/SPS 通报数量远高于印尼、越南这样的发展中国家。当然，同样也是发展中国家，巴西和墨西哥的 TBT/SPS 通报数量却比较大，这是由于巴西和墨西哥属于农业大国，选取的这两个分类标准主要针对包含水产品的农产品大类。

　　表 6-6(续)中还有一个特别的地方，那就是俄罗斯和越南的数据空缺问题。这主要是由于俄罗斯和越南的入世时间导致的。TBT/SPS 通报是 WTO 成员方间的一种咨询披露与预警机制，越南和俄罗斯分别于 2007 年 1 月 11 日和 2012 年 8 月 22 日正式加入 WTO，所以有了部分年份通报数的缺失。

　　上述 TBT/SPS 通报数量只是从表现形式上对技术性贸易壁垒有大致的了解，它的具体影响程度则需要通过测算来量化。目前测算技术性贸易壁垒影响的方法主要有调研法、关税等价法、非关税壁垒指数和技术性贸易壁垒系数等，基于实证分析的需要，采用的是技术性贸易壁垒系数[①]这一定量方法。技术性贸易壁垒系数的计算公式为：

$$B_{jc}^k = 1 - (1 - \alpha^k S_{jc}) \times (1 - T_{jc}^k) \tag{6.24}$$

其中，$S_{jc} = \max\left\{0, \dfrac{S_j - S_c}{S_j}\right\}$，$T_{jc}^k = \max\left\{0, \dfrac{A_j^k - A_c^k}{A_j^k}\right\}$，$S_j$ 和 S_c 分别是 j 国和 c 国的 SPS 通报数，S_{jc} 是 j 国对 c 国的 SPS 贸易壁垒系数，A_j^k 和 A_c^k 分别表示 j 国和 c 国的 k 行业 TBT 通报数，T_{jc}^k 是 j 国对 c 国的 k 行业 TBT 贸易壁垒系数，α^k 是 SPS 通报下的动植物卫生检疫措施与行业 k 的相关系数，这个相关系数是 0 和 1 之间的任意数，如果行业 k 与 SPS 关联性强，则 α^k 是个接近于 1 的数值，如果相关性很弱，则接近 0。

　　水产品属农业和食品两个大类，与动植物卫生检疫措施下的食品安全关系密切，所以这个 α^k 假定为 0.9。相关数据代入测算公式(6.24)可以得到 2000～2016 年 19 国对中国水产品(食品技术)行业技术性贸易壁垒指数，结果见表 6-7 和表 6-7(续)。

---

① 蒋建业，汪定伟. 基于壁垒系数的技术性贸易壁垒的定量测算方法[J]. 中国经济与管理科学，2008 (5)：112-113.

表 6-7　2000～2016 年 19 国对中国水产品行业技术性贸易壁垒指数

	日本	美国	韩国	泰国	马来西亚	欧盟	菲律宾
2000	0.966 7	0.985 7	0.980 0	0.900 0	0.966 7	0.980 0	0.900 0
2001	0.990 0	0.991 7	0.988 9	0.998 0	0.980 0	0.987 5	0.900 0
2002	0.962 5	0.984 7	0.936 2	0.983 0	0.666 7	0.963 1	0.529 4
2003	0.812 0	0.953 1	0.722 1	0.882 6	0.000 0	0.845 1	0.000 0
2004	0.829 8	0.960 8	0.636 4	0.894 7	0.000 0	0.873 5	0.000 0
2005	0.785 7	0.965 4	0.601 0	0.846 2	0.000 0	0.843 7	0.000 0
2006	0.785 7	0.971 0	0.629 0	0.812 5	0.000 0	0.866 9	0.000 0
2007	0.794 8	0.976 8	0.733 3	0.793 1	0.000 0	0.865 4	0.000 0
2008	0.764 3	0.972 3	0.751 6	0.688 9	0.000 0	0.826 6	0.000 0
2009	0.682 7	0.963 3	0.648 8	0.676 5	0.000 0	0.788 9	0.000 0
2010	0.675 9	0.952 1	0.606 7	0.708 3	0.000 0	0.723 1	0.000 0
2011	0.675 7	0.947 4	0.617 0	0.704 9	0.000 0	0.723 1	0.000 0
2012	0.654 9	0.952 1	0.635 5	0.692 9	0.000 0	0.755 6	0.000 0
2013	0.660 9	0.955 6	0.651 8	0.692 9	0.000 0	0.777 1	0.000 0
2014	0.663 8	0.956 6	0.666 7	0.709 0	0.000 0	0.800 0	0.000 0
2015	0.672 3	0.945 1	0.680 3	0.713 2	0.000 0	0.811 6	0.000 0
2016	0.644 6	0.944 2	0.701 4	0.695 0	0.000 0	0.809 7	0.000 0

数据来源:根据中国 WTO/TBT-SPS 通报咨询网相关数据计算所得

　　由表 6-7 结果可以看出,虽然各国对中国水产品行业技术性贸易壁垒指数的总体趋势是逐年下降的,但是表中除马来西亚和菲律宾 2003 年以后对中国水产品行业技术性贸易壁垒指数下降到 0 之外,其他国家或区域对我国水产品技术性贸易壁垒强度依然很大。美国最甚,欧盟居中,泰国、韩国和日本次之且水平相当。究其原因,跟这些国家精于利用技术性贸易壁垒手段有关,另外,也跟它们使用技术标准以及善于利用技术标准保护行业的悠久历史有一定的关系。

　　特别是美国,从前面的 TBT-SPS 通报数据来看,这两个通报数量美国占有绝对优势,尤其是动植物检验检疫措施的标准制定,美国更是遥遥领先其他国家。所以,不论从 TBT-SPS 通报数量还是技术性贸易壁垒指数来看,美国都一直是世界技术标准的制定者,是最会利用技术性贸易壁垒进行贸易保护的国家。从技术性贸易壁垒指数的公式推导逻辑来看,这些国家近年来技术性贸易壁垒指数逐年下降主要源于我国不断加强的 TBT-SPS 通报数量。马来西亚和菲律宾 2003 年以后对我国水产品行业技术性贸易壁垒指数下降到 0,说明两国水产品行业的技术标准低于我国,对中国而言不存在技术壁垒。

表 6-7(续)　2000～2016 年 19 国对中国水产品行业技术性贸易壁垒指数

	加拿大	俄罗斯	巴西	墨西哥	澳大利亚	印尼	越南
2000	0.966 7	0.000 0	0.900 0	0.980 0	0.980 0	0.966 7	0.000 0
2001	0.980 0	0.000 0	0.987 5	0.983 3	0.980 0	0.966 7	0.000 0
2002	0.918 0	0.000 0	0.885 7	0.910 0	0.733 3	0.500 0	0.000 0
2003	0.642 9	0.000 0	0.764 7	0.592 0	0.000 0	0.000 0	0.000 0
2004	0.501 9	0.000 0	0.804 9	0.680 0	0.272 7	0.000 0	0.000 0
2005	0.613 4	0.000 0	0.785 7	0.538 5	0.142 9	0.000 0	0.000 0
2006	0.635 6	0.000 0	0.809 8	0.423 1	0.117 6	0.000 0	0.000 0
2007	0.688 4	0.000 0	0.895 7	0.357 1	0.142 9	0.000 0	0.000 0
2008	0.655 0	0.000 0	0.882 6	0.125 0	0.000 0	0.000 0	0.000 0
2009	0.500 5	0.000 0	0.836 1	0.195 1	0.000 0	0.000 0	0.000 0
2010	0.375 5	0.000 0	0.799 6	0.326 9	0.000 0	0.000 0	0.000 0
2011	0.273 0	0.000 0	0.782 2	0.513 5	0.000 0	0.000 0	0.000 0
2012	0.423 8	0.000 0	0.811 1	0.610 0	0.000 0	0.000 0	0.000 0
2013	0.530 2	0.000 0	0.807 6	0.642 2	0.000 0	0.000 0	0.000 0
2014	0.592 5	0.000 0	0.820 4	0.654 9	0.000 0	0.000 0	0.000 0
2015	0.479 7	0.000 0	0.802 0	0.654 9	0.000 0	0.000 0	0.000 0
2016	0.473 3	0.000 0	0.793 3	0.638 7	0.000 0	0.000 0	0.000 0

数据来源:根据中国 WTO/TBT-SPS 通报咨询网相关数据计算所得

　　表 6-7(续)的结果显示,俄罗斯和越南对中国不存在水产品行业的技术壁垒。印尼和澳大利亚分别从 2003 年和 2008 年起对中国的水产品行业的技术性贸易壁垒指数变为 0,随着我国水产品行业的技术标准和卫生检验检疫制定的通报越来越多,这些国家相对中国来说已经不存在技术壁垒。加拿大同其他发达国家的变化趋势是一样的。墨西哥则出现了先降后升的波动趋势。

跟其他发展中国家和新兴国家技术性贸易壁垒指数不断下降到 0 的变化趋势形成鲜明对比的是巴西,巴西的技术性贸易壁垒指数一直比较稳定地居于高点,从通报数也可以看出,作为农业大国的巴西是发展中国家中最会利用技术标准和卫生检验检疫制度的国家,这也导致包含中国在内的其他国家农产品进入巴西市场的门槛特别高。

6.2.2.3 区域贸易安排(FTA,WTO)

区域贸易安排主要讨论是否共同加入某些世界性组织或者关税同盟,是否签订有双边的自由贸易协定等。这个影响因素从两个角度展开:全球角度和多、双边角度。

(一)全球角度

世界贸易组织(WTO)是目前对世界经济、国际贸易最有影响力的世界性组织,截止到 2016 年 7 月 29 日已拥有 164 个成员,成员贸易总额占全球贸易额的 97% 以上。对于中国贸易影响最大的事件当属中国在经历了长达 15 年的双边、多边谈判后,于 2001 年 12 月 11 日正式成为 WTO 的第 143 个成员。自加入 WTO 后,中国积极履行 WTO 成员义务的同时,也获得了发展红利。

17 年来,中国已然成为全球第二大经济体、第一大贸易国、第一大吸引外资国和第二大对外投资国[①]。中国以自己的发展向世界展示了"互惠多赢"的现实意义。在 21 个研究对象中,除了越南 2007 年 1 月 11 日、俄罗斯 2012 年 8 月 22 日加入 WTO 之外,其他 19 个国家或地区都是 WTO 1995 年 1 月 1 日成立时的原始成员,可见 WTO 在中国与这些国家或地区的贸易活动中起到了很大的作用。

所以,WTO 在下面的实证分析中单独作为一个影响因素进入模型,用 WTO 表示,这里设定它为虚拟变量,如果两个国家(其中一个固定为中国)在某个年份都是 WTO 成员,则变量值设为 1,其他的情况一概设定为 0。WTO 变量值为 0 的情况包含:一个国家是 WTO 成员而另一个国家不是,以及两个国家都不是 WTO 成员这两种情况。之所以采用这种赋值原则,是由于通常情况下,两国均为 WTO 的成员才会受到 WTO 框架约束以及享受到 WTO 成员方间的互惠政策。

---

① 蔡玉平,陈扬. 当前中国对外投资整体思路的评估与分析[J]. 河南社会科学,2017,25(2):30-37.

(二)从多边、双边角度

目前中国已签署的自由贸易协定达到 16 个,涉及 24 个国家或地区。已签订的跟本研究国家或地区相关的自贸协定有:2003 年与中国香港签署的第一个全面实施的自贸协定——《关于建立更紧密经贸关系的安排》(CEPA)、2009 年 1 月 1 日正式生效的中国—新加坡自贸协定、2010 年 1 月 1 日全面建成的中国—东盟自贸区、2014 年 8 月正式启动并于 2015 年 11 月完成升级的中国—东盟自贸区升级、2015 年 12 月 20 日正式生效的中澳自贸协定和中韩自贸协定。这 6 个贸易协定自生效和实施以来,涉及国家和地区经贸关系发展迅速,双边贸易额大幅上升,贸易便利化水平得到极大提升,双边的货物、资本、人员实现了自由流动,真正实现了互惠互利、合作互赢。

正在谈判的自贸区达到 11 个,其中,取得实质性进展并有望近期达成协议的有:中日韩自贸协定、中国—加拿大自贸协定、区域全面经济伙伴关系协定(RCEP)等。其中,始于 2012 年启动谈判的《区域全面经济伙伴关系协定》(RCEP)在经历了 20 轮谈判之后,有望于 2020 年正式签署,RCEP 包括了东盟十国,以及中国、日本、韩国、澳大利亚、新西兰、印度等 16 个国家,涵盖了全球约 1/2 的人口,1/3 的 GDP,以及 1/4 的贸易额。面对美国"贸易霸凌"及"保护主义"行为,各国也加速了多边贸易框架的制定进程,这势必对本地区以及全球的贸易格局产生重大影响。在实证分析中,自贸协定作为一个影响因素进入模型,用 FTA 表示,设定它也为虚拟变量,中国与某个国家在某个年份签订了自由贸易协定,那么从自贸协定生效之日起到研究结点 2016 年,都给以此变量赋值为 1,如果没有与中国签订自贸协定,那么设定变量值为 0。

6.3　实证分析

6.3.1　计量模型构建

根据 Chaney(2008)模型,初步可以建立的二元边际影响因素模型为:
$$\ln M_{ij} = \beta_0 + \beta_1 \ln y_{ij} + \beta_2 \ln \tau_{ij} + \beta_3 \ln \varphi_{ij} + \beta_4 \ln \theta_{ij} + \beta_5 \ln f_{ij} + \zeta \quad (6.25)$$
其中,M 为被解释变量,可以代表集约边际、扩展边际;y、τ、φ、θ 和 f 分别代表经济规模、可变贸易成本、生产率水平、多边阻力和固定贸易成本;ζ 为残差项。

这个公式是根据 Chaney(2008)模型得出的适用普遍情况的二元边际影响因素。再加上前面讨论过的特殊影响因素,改进公式(6.25)后得到的计量模型为:

$$\ln M_{ij} = \beta_0 + \beta_1 \ln y_{ij} + \beta_2 \ln \tau_{ij} + \beta_3 \ln \varphi_{ij} + \beta_4 \ln \theta_{ij} + \beta_5 \ln f_{ij}$$

$$+ \beta_6 \ln \text{TBT}_{ij} + \beta_7 \text{SHK}_{ij} + \beta_8 \text{FTA}_{ij} + \beta_9 \text{WTO}_{ij} + \varepsilon \qquad (6.26)$$

其他变量含义不变,SHK、TBT、FTA 和 WTO 分别代表外部冲击、技术性贸易壁垒、自贸协定和区域贸易安排。

具体地,中国水产品出口集约边际的影响因素计量模型设为:

$$\ln \text{IM}_{ij} = \beta_0 + \beta_1 \ln y_{ij} + \beta_2 \ln \tau_{ij} + \beta_3 \ln \varphi_{ij} + \beta_4 \ln \text{TBT}_{ij} + \beta_5 \text{SHK}_{ij}$$

$$+ \beta_6 \text{FTA}_{ij} + \beta_7 \text{WTO}_{ij} + \varepsilon \qquad (6.27)$$

其中,IM 是集约边际,公式中它为被解释变量;y、τ、φ、TBT 分别代表经济规模、可变贸易成本、生产率水平和技术性贸易壁垒指数;SHK、FTA、WTO 分别代表外部冲击、自由贸易协定和 WTO,这三个变量为虚拟变量;ε 为残差项。

中国水产品出口扩展边际的影响因素计量模型设为:

$$\ln \text{EM}_{ij} = \beta_0 + \beta_1 \ln y_{ij} + \beta_2 \ln \tau_{ij} + \beta_3 \ln w_{ij} + \beta_4 \ln f_{ij} + \beta_5 \ln \text{TBT}_{ij}$$

$$+ \beta_6 \text{SHK}_{ij} + \beta_7 \text{FTA}_{ij} + \beta_8 \text{WTO}_{ij} + \varepsilon \qquad (6.28)$$

其中,EM 是扩展边际,公式中它为被解释变量;y、τ、w、f、TBT 分别代表经济规模、可变贸易成本、工资水平、固定贸易成本和技术性贸易壁垒指数;SHK、FTA、WTO 分别代表外部冲击、自由贸易协定和 WTO,这三个变量为虚拟变量;ε 为残差项。

6.3.2 变量说明与数据来源

6.3.2.1 二元边际(M)

中国水产品出口的集约边际和扩展边际数值前面用 HK 分解方法已经得到。为减少数据异常现象,使其更加平稳,同时一定程度上避免异方差,所有变量采取对数形式进入模型。

6.3.2.2 经济规模(y)

经济规模采用出口目的国的 GDP 或者相对 GDP 指标来表示,这两个指标均在之前的研究中被不少学者使用过。从前面理论分析结果可以看出,这两个指标的作用机制具有一致性。数据来源于世界银行的 WDI 数据库,取值以现价美元衡量的 GDP 值为准。预期经济规模(y)和相对经济规模(ry)对集约和扩展边际的影响都为正。

6.3.2.3　固定贸易成本(f)和可变贸易成本(τ)

在前面的影响因素指标构建与测算中,2000～2016 年中国出口 19 国的固定贸易成本指数和可变贸易成本指数都已经通过具体公式的推导和计算实现了量化。下面的实证分析中就用已经计算出的各国各年的固定和可变贸易成本指数作为固定贸易成本(f)和可变贸易成本(τ)的赋值。由于理论模型推导中得出固定贸易成本只对扩展边际产生影响的结论,所以这里预期固定贸易成本对扩展边际的影响为负,可变贸易成本对扩展边际和集约边际都有影响,影响为负。

6.3.2.4　生产率水平(φ)和工人工资(w)

由于数据可获取性等方面的原因,中国水产品生产率水平和工人工资用 21 个国家或地区相对中国的农业生产率水平这个指标来替代。这种替代方式不改变影响的大趋势,而且,作为农产品中最重要的出口门类,农业生产率水平基本可以反映水产品生产率和工资率的变化规律。预期生产率水平对集约边际的影响效果为正,由于这类水产品生产率水平已经很高,更倾向于出口到生产率较高的国家和地区,产品也可以卖上好的价格,获得更多的利润;预期生产率水平对扩展边际的影响效果为负。对于刚刚开始开拓出口新市场的水产品,出口者更倾向于向生产效率比较低的国家和地区出口,这些地区较生产率较高的发达国家而言,贸易成本相对较低,出口者更容易采取价格策略进入市场。

6.3.2.5　外部冲击(SHK)

外部冲击这个变量采用虚拟变量的形式进入模型,用 SHK 表示。预期外部冲击会对二元边际产生抑制效应。只是这种抑制效应到底对集约边际作用更大还是对扩展边际影响更多需要通过具体的实证来得出答案。

6.3.2.6　技术性贸易壁垒(TBT)

预期技术性贸易壁垒会对集约边际产生抑制效应,由于技术性贸易壁垒的存在,会使中国水产品出口到其他国家时遇到屏障,使出口数量下降。但是它对扩展边际的影响有可能为正,由于有技术性贸易壁垒的存在,原有的水产品种类下的出口受到限制,所以出口国可能倾向于出口新种类产品,使出口产品种类增加。当然也有可能产生抑制作用,与影响已经出口水产品的影响机制一样,也抑制新种类的出口。扩展边际到底是促进还是抑制了水产品出口,要通过具体的实证来检验。由于技术性贸易壁垒指数 TBT 结果中有 0 值存在,所以在后面的实证分析中以 $\ln(1+\text{TBT})$ 形式进入模型。

6.3.2.7 区域贸易安排(FTA,WTO)

区域贸易安排以世界贸易组织(WTO)和自由贸易协定(FTA)两个虚拟变量进入模型,预期 WTO 和 FTA 对集约边际产生正面影响,对扩展边际的影响不确定。

根据 19 个国家(21 个研究对象中由于数据原因,剔除了新加坡和中国香港)2000～2016 年 17 年的数据,对模型中出现的所有变量指标的原始数据进行了统计性描述,并对个别变量中的部分离群值进行了缩尾处理,具体信息见表6-8。

表 6-8　各变量统计性描述

变量	均值	标准差	最小值	下四分位数	中位数	上四分位数	最大值
经济规模 (y)	1.4×10^{12}	9.6×10^{11}	2.3×10^{11}	4.2×10^{11}	1.2×10^{12}	2.2×10^{12}	2.9×10^{12}
相对经济规模(ry)	0.36	0.31	0.06	0.11	0.26	0.51	0.95
可变贸易成本(τ)	9.15	3.01	5.03	6.23	9.31	11.37	13.95
生产率水平(φ)	21.36	21.72	0.94	2.82	12.19	36.55	63.56
固定贸易成本(f)	1.41	0.10	1.27	1.33	1.40	1.47	1.58
技术性贸易壁垒(TBT)	0.57	0.38	0.00	0.00	0.72	0.87	1.00
集约边际 (IM)	0.21	0.18	0.03	0.07	0.14	0.32	0.57
扩展边际 (EM)	0.68	0.20	0.02	0.55	0.70	0.84	0.98

6.3.3 集约边际影响因素实证分析

6.3.3.1 面板单位根检验

面板数据由 19 个国家 17 年的样本点构成,由于截面数和时期数比较接近,因此模型在回归之前需要检验各面板序列的平稳性,以避免出现"伪回归"现象,以保证估计结果的有效性。按照 Levin,Lin,Chu(2002)提出的方法,对二元边际影响因素模型中各变量进行单位根检验的结果如表 6-9 所示。

表 6-9 各变量单位根检验结果

变量	系数	t 值	P 值
ln$y$	-0.153	-8.246	0^{***}
lnry	-0.046	-2.747	$0.751\,8$
lnτ	-0.212	-7.254	$0.000\,8^{***}$
lnφ	-0.194	-6.313	$0.043\,4^{**}$
ln$f$	-0.151	-7.364	$0.000\,1^{***}$
lnTBT	-0.503	-22.525	0.000^{***}
lnIM	-0.277	-10.294	0.000^{***}
lnEM	-0.419	-7.729	$0.019\,3^{**}$

备注:$* \ p<0.1$,$* * \ p<0.05$,$* * * \ p<0.01$

由表中结果可以看到,变量 lnτ、lnφ、ln$y$、ln$f$、lnTBT、lnIM 和 lnEM 通过了 5% 显著性水平下的平稳性检验,相对经济规模的对数形式 lnry 没有通过平稳性检验,所以它是不平稳的,为此经济规模这个变量采用 21 个研究对象国或地区的 GDP。

6.3.3.2 模型筛选

面板数据的估计模型分为固定效应模型、随机效应模型和混合效应模型。混合效应模型认为,各截面间的个体效应不存在显著差异,估计结果的截距和斜率相同,具体到本研究就是指各国水产品贸易特征相同;与混合效应形成鲜明对比的是,固定效应模型认为各截面间的个体效应存在显著差异,但不随时间变化。随机效应模型同样承认各截面间的个体效应,但与固定效应模型不同的是,随机效应模型假设个体效应是随时间变化的,即个体效应与解释变量之间不存在相关性。

对面板数据进行回归时,必须先选择采用这三个模型中的哪个来进行实证分析。这可以通过相关检验来实现模型的筛选:通过 Wald 检验来实现固定效应模型和混合效应模型的选择,Wald 检验结果的卡方值为 321.2 且 P 值小于 0.001,所以在固定还是混合效应模型中选择固定效应模型。通过 Hausman 检验来实现固定效应模型和随机效应模型的选择,Hausman 检验的卡方值为 29.6 且 P 值小于 0.001,所以在固定抑或随机效应模型中选择固定效应模型。

综上检验可以得到,对面板数据进行回归分析时选择固定效应模型。

6.3.3.3　异方差和序列相关检验

面板数据因为同时具有截面数据和时间序列的特征,所以一般会存在异方差和序列相关。由于出现异方差和序列相关问题时,采用固定效应模型的基本估计方法只是影响了参数估计量的方差的正确估计,从而无法保证估计量的有效性,但不影响估计量的无偏性与一致性[①]。因此,在处理异方差和序列相关问题时仍采用基本的估计方法,但在统计结果中报告了由修正后的标准误计算的 t 值。其中,对异方差的处理采用异方差稳健标准误法(heteroscedasticity-robust standard error),对异方差和序列相关同时出现的情况,采用序列相关稳健标准误法计算异方差—序列相关一致标准误(heteroscedasticity-autocorrelation-consistent standard error,HAC),或简称尼威—韦斯特标准误(Newy-West standard error)。

组间异方差检验的结果卡方值为 2 939.87 且 P 值小于 0.001 显示存在组间异方差。序列相关性检验采用 Arellano-Bond(1991)提供的检验方法分别检验考虑截面相关性和考虑个体特征时的 z 值。考虑截面相关性时 Arellano-Bond(1991)检验的 z 值为 2.87 且 P 值小于 0.01,考虑个体特征时 z 值为 10.44 且 P 值小于 0.001,以上结果显示面板数据存在序列相关。

6.3.3.4　回归结果分析

使用 STATA13.0 软件对 19 个国家 2000～2016 年 17 年的面板数据进行回归。面板数据选择固定效应模型且存在异方差和序列相关,所以回归分析时选取了 Driscoll and Kraay(1998)提供的一种综合处理方法:xtscc 命令。它相当于采用固定效应模型估计系数的同时,对标准误的估计设定了一个一般化和较稳健的估计方式。表 6-10 是考虑了异方差、截面相关和序列相关的固定效应模型估计结果。

---

① 李子奈,潘文卿. 计量经济学[M]. 北京:高等教育出版社,2010:115-131.

表 6-10 集约边际影响因素回归分析结果

固定效应回归		观测值个数	=	323
		组个数	=	19
R^2 值:组内拟合优度=0.499 0		组观测值个数:最小值	=	17
组间拟合优度=0.006 6		平均值	=	17
总体拟合优度=0.047 5		最大值	=	17
		$F(7,297)$	=	42.25
		Prob$>F$	=	0

变量	系数	标准差	t 值	P 值
lny	0.086	0.017 5	4.904	0.000
lnτ	−0.705	0.357 5	−1.972	0.064
lnφ	0.602	0.158 7	3.794	0.001
lnTBT	−0.376	0.043 6	−8.626	0.000
SHK	−0.024	0.011 8	−2.034	0.057
FTA	0.075	0.035 2	2.130	0.047
WTO	−0.026	0.049 8	−0.522	0.608
常数项	−5.789	2.088 4	−2.772	0.013

由回归结果可以看出,经济规模、生产率水平和技术性贸易壁垒这三个因素对中国水产品出口集约边际的影响很好地通过了显著性检验。从表 6-10 中可以看出,生产率水平对集约边际的影响为正,值为 0.602,说明出口目的地的相对生产率水平提高 1%,会带来中国水产品出口集约边际提高 0.602%,这与前面理论分析时的预期相符,对于已经出口的产品,出口国更倾向于出口到生产率水平相对较高的发达国家或地区;可变贸易成本的影响系数为−0.705,跟集约边际是负相关关系,说明可变贸易成本每增加(或减少)1%,会带来中国水产品出口集约边际减少(或增加)0.705%,这也跟前面预期可变成本对集约边际影响的结论相吻合;技术性贸易壁垒对集约边际的影响为负,值为−0.376,说明技术性贸易壁垒指数每增加(或减少)1%,会带来中国水产品出口集约边际减少(或增加)0.376%;经济规模的回归系数为 0.086,对集约边际的影响为正,说明中国水产品出口也依赖于出口目的地国家经济规模扩大带来的外需增加的拉动,中国水产品进口国经济规模每扩大 1%,对中国水产品集约边际的拉动幅度为 0.086%;外部冲击、自由贸易协定和 WTO 三个虚拟变量的回归显著性不

如上述其他变量。

特别是 WTO 变量,回归中都没有通过 10% 的显著性检验,而且系数为负,跟前面讨论中预期的对集约边际的影响为正的结论相悖,这其中可能的原因在于研究对象的 21 个国家或地区以及中国,其中除了中国 2001 年、越南 2007 年、俄罗斯 2012 年加入 WTO 外,其他国家和地区都是 WTO 的原始成员国,早在 1995 年 1 月 1 日就加入了 WTO,所以对研究的大多数国家和地区来说,2000~2016 年期间 WTO 是一个常态,所以这个虚拟变量的变化性、波动性以及个体之间的差异性不大,所以,对于本论题来说显著性不强。因此,尝试去掉 WTO 变量重新进行回归分析,结果表明,除了轻微影响了其他变量回归的系数,别的变量的符号和显著性都没有受到影响,对这个回归结果这里不再赘述。

之所以考虑加入 WTO 这个变量,是因为 WTO 在研究国际贸易问题中的地位和作用不容小觑,本研究出现不显著结果也与研究区间有关系,如若研究周期拉长,WTO 作用定会显现。自由贸易协定和外部冲击这两个变量的回归结果与预期的符号相符,可见,外部冲击确实对中国水产品出口的集约边际产生了负面影响,中国与其他国家或地区签订的自由贸易协定会对中国水产品出口集约边际产生正面作用,这些都在实证检验中得到了印证。

6.3.4 扩展边际影响因素实证分析

6.3.4.1 面板单位根检验

面板单位根检验在集约边际影响因素回归分析中已经讨论过,由表 6-9 中结果可以看到,变量 $\ln\tau$、$\ln\varphi$、$\ln y$、$\ln f$、$\ln TBT$、$\ln IM$ 和 $\ln EM$ 是平稳的,所以中国水产品出口扩展边际的影响因素计量模型仍为公式(6.28)形式。

6.3.4.2 模型筛选

跟上面集约边际回归模型筛选类似,通过相关检验来实现扩展边际模型的筛选。

通过 Wald 检验来实现固定效应模型和混合效应模型的选择,Wald 检验结果卡方值为 251.85 且 P 值小于 0.001,所以在固定和混合效应模型中选择固定效应模型。

通过 Hausman 检验来实现固定效应模型和随机效应模型的选择,Hausman 检验卡方值为 21.51 且 P 值小于 0.01,所以在这两种模型中选择固定效应模型。综上检验可以得到,对扩展边际影响因素模型进行回归分析时选择固定效应模型。

6.3.4.3 异方差和序列相关检验

与前面的分析一样，面板数据可能存在异方差和序列相关现象。组间异方差检验的结果的卡方值为 217.45 且 P 值小于 0.001 显示存在组间异方差。序列相关性检验采用 Arellano-Bond（1991）提供的检验方法分别检验考虑截面相关性和考虑个体特征时的 z 值。考虑截面相关性时 Arellano-Bond（1991）检验的 z 值为 1.67 且 P 值小于 0.1，考虑个体特征时 z 值 7.43 且 P 值小于 0.001，以上结果显示面板数据存在序列相关。

6.3.4.4 回归结果分析

这部分的回归分析同样采用 Driscoll and Kraay（1998）提供的 xtscc 命令这一综合性处理方法。表 6-11 是考虑了异方差、截面相关和序列相关的固定效应模型估计结果。

表 6-11 扩展边际影响因素回归分析结果

固定效应回归			观测值个数	=	323
Group variable：id			组个数	=	19
R^2 值:组内拟合优度=0.322 7			组观测值个数:最小值	=	17
组间拟合优度=0.112 8			平均值	=	17
总体拟合优度=0.155 4			最大值	=	17
			$F(8,296)$	=	17.63
			Prob$>F$	=	0

变量	系数	标准差	t 值	P 值
$\ln y$	0.174	0.040 5	4.301	0.000
$\ln \tau$	−0.369	0.145 7	−2.533	0.021
$\ln \varphi$	−0.107	0.041 4	−2.585	0.019
$\ln f$	−0.346	0.292 7	−1.182	0.253
lnTBT	0.290	0.098 1	2.957	0.008
SHK	−0.016	0.008 8	−1.817	0.086
FTA	−0.046	0.018 6	−2.472	0.024
WTO	−0.044	0.025 6	−1.719	0.103
常数项	−8.803	2.493 1	−3.531	0.002

相比较集约边际影响因素的回归结果，扩展边际影响因素的回归结果更加让人期待，因为集约边际的回归是一个不断验证理论预期的过程，前面对集约边际影响因素的实际回归结果基本符合前期理论假设。而扩展边际的理论预期存在更多的不确定性，本部分的实证检验则是一个将不确定性在中国水产品出口这个实例基础上得到确定的过程。

从表 6-11 中可以发现，出口目的国经济规模、可变贸易成本、技术性贸易壁垒和自由贸易协定、生产率水平这 5 个因素对我国水产品出口扩展边际的影响较好地通过了显著性检验。

（一）出口目的国经济规模

回归系数为 0.174，对扩展边际的影响为正，说明我国水产品进口国经济规模每扩大 1%，对我国水产品出口扩展边际的拉动幅度为 0.174%，这个拉动比例比集约边际的 0.086% 要高一些，同时也说明了进口国的经济规模越大，经济越发达，越倾向于增加新产品的进口和尝试发展新的贸易伙伴关系。

（二）可变贸易成本

它的影响系数为 −0.369，跟扩展边际是负相关关系，说明可变贸易成本每增加（或减少）1%，会带来我国水产品出口扩展边际减少（或增加）0.369%，这也跟前面预期可变成本对扩展边际影响为负的结论相吻合，同时，对比可变成本对集约边际和扩展边际的影响系数可以发现，它对中国水产品出口集约边际的影响更大一些。所以，可变贸易成本的下降对于集约边际的促进作用会更大一些。

（三）技术性贸易壁垒

对集约边际的影响为负的回归结果不同的是，技术性贸易壁垒对扩展边际的影响是正向的，影响系数是 0.290，说明技术性贸易壁垒指数每增加（或减少）1%，会带来我国水产品出口扩展边际增加（或减少）0.290%，两者之间是正相关关系。也就是说，由于有技术性贸易壁垒的存在，原有水产品种类的出口受到限制，所以中国迫于其他国家技术性贸易壁垒的存在而可能倾向于出口新种类产品，使出口水产品种类增加。

（四）自由贸易协定

影响系数是 −0.046，与扩展边际是负相关关系，这与理论预期的结论有些出入，一般情况下，自贸协定会带来集约边际和扩展边际的双方面正向发展。实证结果表明自贸协定确实促进了集约边际的正相关变化，但是，它也抑制了扩展边际的正向发展,这个结论在钱学锋和熊平(2010)对中国1995～2005年出口增长二元边际的研究中也同样得到过。他们认为,原因在于自贸协定具有一定的保守性和有限性,所以更多地适用于出口的存量(即集约边际)而非适用于增量(即扩展边际),在他们的研究期内中国自贸协定大多还处于初期,对扩展边际的正向影响还未真实显露。这些原因也同样适用于中国水产品在2000～2016年的情况,正如前面分析自贸协定时所述,虽然2000～2016年较他们研究的1995～2005年的样本周期又发展了10多年,中国双边及多边的自由贸易协定到2016年已经签订了16个,但是与21个研究对象相关的自贸协定只有6个,进入模型分析的只有3个,其中2个还是从2016年才开始产生影响。所以致使FTA这个变量的取值变化不大,弱化了它的影响力。

（五）生产率水平

对扩展边际的影响为负值－0.107,说明出口目的地的相对生产率水平提高1%,会带来中国水产品出口扩展边际降低0.107%,这与前面理论分析时的预期相符,对于已经出口的产品,出口国更倾向于出口到生产率水平相对较高的发达国家或地区,对于刚刚开始开拓出口新市场的水产品,则更倾向于向生产效率或工资水平比较低的国家和地区出口,这些地区较生产率较高的发达国家而言,贸易成本相对较低,出口者更容易采取价格策略进入市场,所以扩展边际与生产率水平(或者工资水平)是负相关关系。

（六）其他

跟集约边际影响因素的回归结果类似,虚拟变量WTO在扩展边际影响因素的回归结果中影响系数为负,但是从两者回归后的 P 值比较来看,WTO在扩展边际影响因素的回归中的 P 值为0.103,险些通过10%的显著性检验,出现这种实证结果可能跟选取的研究区间段有关,也可能是WTO在影响两个边际时确实起到了反向的作用,这也为后续研究提供了一个可参考的研究点。从主观经验来分析WTO的影响作用,它对扩展边际的反向作用倒是可以说得通:WTO成员方之间的最惠国待遇以及其他互惠政策对于已经实现了出口的水产品来说,相当于降低了关税,一定程度上减少了非关税壁垒的影响,但是对于新品种、新产品而言却不会起到这种促进作用,反而会由于传统产品的大量出口抑制各国去研发新产品,出口新品种的积极性。所以,从这个层面来考虑,WTO对扩展边际产生了负的影响。

外部冲击对扩展边际的影响系数为－0.016,对比它对集约边际的影响系数

－0.024,可以看出,在 2000～2016 年中国水产品出口到 21 个国家或地区这个案例中,外部冲击对集约边际的影响稍大一些,外部冲击对于各个边际的影响都为负,不管是全球性经济危机还是区域经济或者是政治危机,对经济和贸易的冲击都是存在的。

固定贸易成本的影响较为特殊,因为从前面的理论模型分析中得到了固定贸易成本对集约边际没有影响,只对扩展边际产生作用的结论。从回归结果来看,固定贸易成本对扩展边际的影响系数为－0.346,它们之间是负相关关系,说明固定贸易成本每增加(或减少)1%,会带来我国水产品出口扩展边际减少(或增加)0.346%,这符合理论分析时对它的预期,但是没有通过 10% 的显著性检验。没有通过显著性检验意味着固定贸易成本对扩展边际的作用不明显,应该发挥的作用还没有完全发挥出来。

至此,对中国水产品出口集约边际和扩展边际影响因素的实证分析全部完成,从实际的回归结果来看,大部分变量的影响路径和效果符合理论预期。

6.4　本章小结

根据 Chaney(2008)构建的多边非对称异质性企业贸易引力模型,可以初步建立二元边际影响因素理论模型。本章分析了每个影响因素,并预期了它们的影响效果。

(一)经济规模(y)

采用相对 GDP 指标来表示。用某国 GDP 与中国 GDP 的比值来表示该国的市场经济规模。数据来源于世界银行的 WDI 数据库。预期经济规模(y)对这两个边际的影响都为正。

(二)贸易成本

它可以分为固定贸易成本和可变贸易成本。两个贸易成本的组成和作用机制是完全不同的。测算的方法和公式也有很大差异。本章摒弃了大多数研究者使用双边距离作为可变贸易成本替代变量,使用经济自由度指数(此指数是由《华尔街日本》和美国传统基金会发布的年度报告)作为固定贸易成本替代变量的做法,而是通过推导出的公式测算获得结果。预期固定贸易成本对扩展边际的影响为负,可变贸易成本对扩展边际和集约边际的影响为负。

(三)生产率水平和工人工资

生产率水平和工人工资存在正相关关系。本章用 21 个国家或地区的农业平均生产率水平与中国农业平均生产率水平的比值作为生产率水平及工人工资的替代变量。预期二者对集约边际的影响效果为正,对扩展边际的影响效果为负。

(四)技术性贸易壁垒(TBT)

采用技术性贸易壁垒指数来表示。这种量化方法不再只从表现形式上大致了解技术壁垒,而是能够更加清晰明了地分析这些表现形式的具体国别差异和变化趋势。预期 TBT 会对集约边际产生抑制效应,对扩展边际的影响不确定,要通过具体的实证来检验。

(五)外部冲击(SHK)、区域贸易安排(FTA,WTO)

这三个变量为虚拟变量,预期外部冲击对二元边际产生抑制效应,区域贸易安排对它们的影响也不确定,有待通过实证获得结论。

对我国水产品出口集约边际影响因素的实证检验结果表明:经济规模、生产率水平和自贸协定可以产生正向影响,可变贸易成本、技术性贸易壁垒、外部冲击等因素对集约边际的影响为负。从影响程度上看,生产率水平对集约边际的影响系数为 0.602;可变贸易成本的影响系数为 -0.705,说明可变贸易成本每增加(或减少)1%,会带来我国水产品出口集约边际减少(或增加)0.705%;技术性贸易壁垒对集约边际的影响为负,讨论的 7 个影响因素中,除了 WTO 与预期影响相反且未通过显著性检验,其他因素回归结果都符合前期理论分析时的预期,且都通过了 10%显著性水平下的检验。

对我国水产品出口扩展边际影响因素的实证检验结果表明:经济规模和技术性贸易壁垒可以产生正向影响,可变贸易成本、固定贸易成本、工人工资水平、外部冲击和自由贸易协定对扩展边际的影响为负。出口目的国经济规模、技术性贸易壁垒、可变贸易成本和自由贸易协定这 4 个因素对我国水产品出口扩展边际的影响较好地通过了显著性检验。生产率水平、技术性贸易壁垒和自贸协定这 3 个因素对扩展边际的影响效果与它们对集约边际的影响效果截然相反,并对其中原因进行了分析说明。另外,作为两个边际唯一一个不是共同影响因素的固定贸易成本,它对扩展边际的影响系数为 -0.346,说明固定贸易成本每增加(或减少)1%,会带来我国水产品出口扩展边际减少(或增加)0.346%,这也符合理论分析时对它的预期。

7 贸易便利化对水产品出口二元边际影响的空间效应

随着经济全球化和国际贸易的发展,贸易便利化逐渐成为全球经贸新规则的核心要素。对水产品而言,贸易便利化可以在降低贸易成本、提升物流效率方面发挥更大的作用,进而促进贸易规模和贸易类别的扩展。

作为农产品贸易的重要门类,我国水产品贸易一直保持着较快的增长速度,远超世界同期增长率,自 2002 年取代泰国成为水产品第一出口大国以来,就以绝对的优势稳居世界水产品出口第一位。另一方面,伴随着强劲的增长势头,个别年份出现了出口波动较大、增长不稳定的现象,同时,出口市场过于集中、种类单一,出口遭遇技术壁垒等行业内部问题时有发生。在行业外部,贸易保护主义势力的抬头和欧洲主权债务危机也对我国水产品贸易的持续稳定发展提出了挑战。

面对日益增加的外部风险,越来越多的国家开始通过提升贸易便利化水平来降低贸易成本,以提振国内经济的发展,贸易便利化已经成为全球经贸领域及各学者的谈判热点和发展趋势。对水产品贸易而言,由于其对物流条件的要求更加严格,因此贸易便利程度的提升对降低物流成本具有更为显著的作用。

7.1 贸易便利化对水产品出口的影响

针对贸易便利化对进出口贸易的促进作用,已有文献对其进行了有益的探讨,研究的焦点主要集中在贸易便利化水平对贸易规模、贸易成本、福利效益以及出口多样性的影响方面。针对水产品的专项研究及探讨贸易便利化空间效应的文献较少。

贸易便利化通常是指通过行政、法律、技术和其他有效方法,降低或消除资源跨国流动的成本和壁垒,提高贸易运作的效率。在贸易便利化水平的测度方面,相关研究大多采用经合组织(OECD)发布的贸易便利化指数(TFI),或者世界经济论坛发布的《全球竞争力报告》。其中,OECD 以 WTO《贸易便利化协定》的最新条款为依据,评价的内容包含 11 个一级指标和 97 个二级指标,但评价对象仅限于经合组织国家。《全球竞争力报告》中包含 156 个竞争力指数指标,涉及财产、安全、教育、贸易、基础设施等诸多方面,但没有针对贸易便利化设立的专项评估指标,因此评价多根据学者自身的研究目的或借鉴已有文献资料建立相应的指标体系。

探讨贸易便利化空间效应方面的相关研究较少,其中刘俊、张亚斌(2016)研究发现,丝绸之路经济带沿线国家的贸易便利化水平存在较强的空间集聚特征,且与中国对外贸易量显著正相关;影响的效果自东向西逐渐减小,对欧洲地区的贸易影响相对较弱;而对亚洲地区的国家影响较大。各国贸易便利化水平改善的贸易效应在空间上差异显著,且表现出自西向东的空间梯度特征。高志刚和宋亚东(2018)评估了"一带一路"(简称"一带")沿线国家的贸易便利化水平,结果显示:"一带"沿线贸易便利化水平差异明显,便利化程度较高的国家主要集中在欧洲地区,且数量较少。中国对"一带"国家的出口贸易存在显著溢出效应,周边国家的经济发展水平、人口及贸易协议将促进中国对贸易伙伴国的出口,而距离因素和周边国家贸易便利化水平则具有相反的作用。

这些研究解释了双边贸易额增长的动力,但没有根据贸易额增长的方向对增长动力进行细化分解,通过二元边际分析框架,可以进一步明确贸易便利化的影响路径。汪戎和李波(2015)使用多部门对美出口数据对贸易便利化的出口种类影响进行了研究,结果显示:在控制了部门固定效应后,出口效率的增加能有效提升出口多样化水平。朱晶(2018)运用扩展的引力模型,对"一带"沿线国家贸易便利化和农产品贸易之间的关系进行了研究,证实了贸易便利化水平的提升对中国农产品的出口深度和出口广度都有显著的正向影响,其中电子商务水平和基础设施的影响最大。刘晨阳(2019)根据 APEC 成员之间的双边贸易数据,分析了进出口国贸易便利化水平对出口扩展边际的影响,研究发现:贸易便利化通过降低出口的临界生产率,减轻了出口固定成本与可变成本对于企业出口的负面效应,对 APEC 成员出口扩展边际有显著的正向影响;贸易便利化细分指标中,信息可获得性、贸易机构的参与、手续与流程、治理与公正性对APEC 成员出口多样性的影响较大。可见研究普遍认为,贸易便利化对出口的广度和深度均具有显著的正向作用,能够有效提升出口的二元边际。

虽然贸易便利化促进贸易增长的观点已经被大量研究所证实,但在农业贸易领域,这一结论仍存在一定的不稳定性。由于经济结构的调整,农产品在生产和贸易中的份额逐渐降低。因此,相对于工业产品、中间产品等流通频繁、受贸易成本影响较大的贸易类别,农产品对贸易便利化的敏感性较弱。但在特定贸易协定框架下,贸易便利化的作用将得到明显改善。根据金砖国家和丝绸之路沿线国家贸易数据得出的研究结果显示,贸易便利化对区域内的农产品出口均存在显著的正向影响,这可能是由于相关的贸易协定实施了促进针对农产品出口便利化的措施。

综上所述,在考虑空间自相关和第三国效应的条件下,贸易便利化对于中国对外出口具有显著的促进作用,而邻国的贸易便利化水平对中国出口则产生空间挤出效应;部分研究证实了贸易便利化对出口的广度和深度均具有显著的正向作用,但没有处理贸易便利化的空间自相关特征,因此无法分离贸易便利化的直接效应(本国效应)和间接效应(邻国效应),尚未发现从二元边际角度探讨贸易便利化影响的空间效应的相关文献。此外,鉴于水产品贸易的特殊性,在实证过程中还应对农产品生产以及相关贸易协定的影响加以控制。

7.2 贸易便利化水平测度与分析

在贸易便利化水平的测度方面,已有大量文献对其进行了探讨,为此主要借鉴了高志刚和刘俊的指标体系,并在此基础上对部分二级指标进行了调整,具体指标名称和解释如表 7-1 所示。

表 7-1 贸易便利化水平测度指标体系

一级指标	二级指标	指标解释	指标来源
基础设施质量 T	公路基础设施质量 T1	公路运输效率	GCR
	铁路基础设施质量 T2	铁路运输效率	GCR
	港口基础设施质量 T3	港口装卸效率	GCR
	航空基础设施质量 T4	航空运输效率	GCR
商务信息技术效率 E	新技术可获取性 E1	新技术的创造能力	GCR
	企业对新技术的吸收能力 E2	技术的应用能力	GCR
	外部投资与技术转让 E3	技术的外部获取和转让效率	GCR

（续表）

一级指标	二级指标	指标解释	指标来源
商务信息技术效率 E	移动网络覆盖率 E4	互联网应用程度	GCR
	商业自由度 E5	商业运作的便利程度	CEPII
海关与贸易环境 C	海关程序负担 C1	通关手续便利化程度	GCR
	贸易自由度 C2	贸易壁垒程度	CEPII
	关税水平 C3	平均关税水平	CEPII
政府管理水平 R	政府管制的负担 R1	政府管理成本	GCR
	解决法律法规冲突的效率 R2	冲突协调机制水平	GCR
	政府决策的透明度 R3	政府决策机制水平	GCR
	非正常支付和贿赂 R4	贸易额外成本	GCR
	司法的独立性 R5	司法公正性	GCR
金融服务质量 F	金融服务的可得性 F1	金融服务的便利程度	GCR
	金融服务的负担能力 F2	金融服务的价格	GCR
	金融自由度 F3	金融业务的开放程度	CEPII
	货币自由度 F4	货币交易开放程度	CEPII

表 7-1 所列的指标体系包括基础设施质量、商务信息技术效率、海关与贸易环境、政府管理水平、金融服务质量 5 个一级指标和 21 个相应的二级指标，基本涵盖了贸易便利化涉及的全部内容。指标的原始数据来自于《全球竞争力报告》(GCR)和 CEPII 数据库，由于评估对象为所有与中国进行水产品贸易的伙伴国或地区，因此没有采用经合组织发布的贸易便利化指数（该指数的评估对象仅为经合组织国家）。

基于上述指标体系，测度了中国及其 141 个水产品贸易伙伴国或地区的贸易便利化水平。首先通过主成分分析提取特征值大于 1 的成分，以此确定一、二级指标的权重，然后根据指标原始数据计算贸易便利化水平的总得分。

根据贸易便利化水平的跨度可将其平均分成 6 个梯次，贸易便利化水平具有明显的空间集聚特征，贸易便利化程度较高的国家主要集中在北美洲、欧洲以及大洋洲地区，而亚洲和非洲的贸易便利化水平较低。全球贸易便利化均值为一0.18,中国处于中等便利水平(0.51),其中商务信息技术效率(-0.27)和金融服务质量(-0.73)是拉低中国贸易便利化水平的主要因素。

7.3 实证分析

7.3.1 研究设计

为避免传统计量方法所产生的空间偏误,依托了 2013~2017 年中国对全球 141 个国家或地区水产品出口的面板数据,利用空间计量模型分析贸易便利化对中国水产品出口二元边际影响的空间效应,并在考虑空间相关性的情况下,研究贸易便利化的具体措施对水产品出口增长方向的影响。一般空间面板模型的基本形式如下:

$$\begin{cases} y_{it} = \tau\, y_{i,t-1} + \rho\, w_i' y_t + x_{it}' \beta + d_i' X_i \delta + u_i + \gamma_t + \varepsilon_{it} \\ \varepsilon_{it} = \lambda\, m_i' \varepsilon_t + v_{it} \end{cases} \tag{7.1}$$

式中,y_{it} 和 $y_{i,t-1}$ 分别为被解释变量及其一阶滞后,$w_i' y_t$ 为被解释变量的空间滞后项,ρ 为空间自回归系数,β 为解释变量 x_{it} 的回归系数,$d_i' X_i \delta$ 表示解释变量的空间滞后,d_i' 为相应空间权重矩阵 D 的第 i 行;γ_t 为时间效应;m_i' 为扰动项空间权重矩阵 M 的第 i 行。

当 $\tau = 0$ 且 $\lambda = 0$ 时,模型(7.1)退化为空间自相关模型(SLX),空间自相关反映在解释变量空间自相关的基础上,将使用 SLX 模型对我国水产品出口二元边际进行实证分析。

在计算空间效应时,研究目的和研究对象特征对空间矩阵的选择具有决定性的作用。目前较为常用的空间权重矩阵包括 0-1 权重矩阵、地理距离矩阵和经济距离矩阵[①]。由于我国与大多数水产品贸易伙伴没有共同边界,并且与主要贸易国家距离较远,因此没有采用 0-1 权重矩阵,而是根据地理距离矩阵进行回归,并使用经济距离矩阵进行稳健性检验。

---

① 王江,王壮. 中国出口贸易的第三国效应研究——基于"一带一路"沿线国家空间面板数据[J]. 价格月刊,2018,卷缺失(7):32-38.

7.3.2　变量解释及数据说明

集约边际和扩展边际是回归模型中的被解释变量,根据在 Hummels 和 Klenow[①](简称 HK 方法)提出的分解框架,两者分别表示为:

$$IM_{cd} = \frac{\sum\limits_{i \in I_{cd}} P_{cdi} \, X_{cdi}}{\sum\limits_{i \in I_{cd}} P_{gdi} \, X_{gdi}} \tag{7.2}$$

$$EM_{cd} = \frac{\sum\limits_{i \in I_{cd}} P_{gdi} \, X_{gdi}}{\sum\limits_{i \in I_{gd}} P_{gdi} \, X_{gdi}} \tag{7.3}$$

其中,IM 是集约边际,c 是对象国,d 是进口国,g 是参考国,I_{cd} 表示 c 国向 d 国出口商品的集合,I_{gd} 表示 g 国向 d 国出口商品的集合。假设参考国 g 为除 c 以外的其他国家,所以,I_{gd} 表示其他国家向 d 国出口商品的集合,P_{cdi} 和 X_{cdi} 表示 c 国出口到 d 国的商品 i 的价格和出口量;EM 是扩展边际,EM_{cd} 表示对象国 c 出口到 d 国的商品的扩展边际。可以看出,集约边际(IM)衡量的是一国产品出口量的变动,而扩展边际(EM)衡量的是一国产品出口种类的变动。

计算二元边际所采用的数据来自于 BACI 数据库在 HS12 标准分类下的相关进出口统计结果,包括 03 章 222 种商品和编码 0508.00 下 4 种、0509.00、0511.91 下 6 种、1504 下 3 种、1604 和 1605 下共 38 种、1212.20 下 18 种、1302.31 下 2 种以及 2301.20 下 2 种总共 295 种水产品。

模型的核心解释变量为贸易便利化水平,从基础设施质量、商务信息技术效率、海关与贸易环境、政府管理、金融服务质量 5 个方面进行量化,指标解释和数据来源已在前面进行了说明。其他控制变量包括贸易伙伴国 GDP、农业增加值、失业率、人口以及国外直接投资,指标数据来自于 CEPII 数据库,模型相关变量的数据说明与变量统计描述见表 7-2。

---

① Hummels D, Klenow P J. The Variety and Quality of a Nation's Exports[J]. American Economic Review, 2005, 95(3):704-723.

表 7-2 数据说明与变量统计描述

变量名称	单位	均值	标准差	中位数
集约边际	N/A	0.62	1.5	0.15
扩展边际	N/A	0.51	0.28	0.5
基础设施质量	N/A	0	1.52	−0.04
商务信息技术效率	N/A	0	1.69	−0.12
海关与贸易环境	N/A	0	1.47	0.04
政府管理	N/A	0	1.54	−0.12
金融服务质量	N/A	0	1.53	−0.03
进口国 GDP	百万美元	378.57	711.3	79.39
进口国农业增加值	百万美元	22.34	58.92	4.74
进口国失业率	%	9.04	6.49	7.25
进口国人口	百万人	27.92	43.55	10.32
进口国国外直接投资	万美元	6 292.63	12 678.43	1 265.95

空间权重矩阵的设定采用地理距离和经济地理距离两种方式。地理距离的计算方式为：$w_{ij} = \dfrac{\dfrac{1}{d_{ij}}}{\sum_j \dfrac{1}{d_{ij}}}$①

其中，w_{ij} 为矩阵中的每个元素，d_{ij} 为国家 i 和国家 j 首都之间的距离，数据来自于 CEPII 网站。经济地理距离的计算方式为：

$$\widetilde{w}_{ij} = \frac{1}{|Y_i - Y_j| d_{ij}}$$

其中，Y_i 为 i 国的 GDP，然后对矩阵 $\widetilde{W}$ 进行行标准化，

$$w_{ij} = \frac{\widetilde{w}_{ij}}{\sum_j \widetilde{w}_{ij}}②.$$

---

① 高远东,宫梦瑶. 出口贸易外溢效应与转型期中国经济增长 —— 基于空间计量模型的实证研究[J]. 国际经贸探索,2019,35(6):4-16.

② 高志刚,宋亚东."一带"背景下贸易便利化水平对中国出口贸易的空间效应[J]. 贵州社会科学,2018,卷缺失(7):100-108.

7.3.3　回归结果分析

在对贸易便利化水平的影响进行实证分析时,首先参照(Tombe,2019)的模型进行基准回归,然后按照 GDP 的大小,根据中位数分为两个样本组,比较贸易便利化水平在不同经济规模的国家中的影响差异,表 7-3 汇报了基准回归的结果。

表 7-3　贸易便利化水平与二元边际:基准回归结果

	固定效应		随机效应	
	(1) 集约边际	(2) 扩展边际	(3) 集约边际	(4) 扩展边际
基础设施质量	0.034*	−0.032**	0.073**	−0.091***
	(2.416)	(3.005)	(2.701)	(3.705)
商务信息技术效率	0.019***	0.024***	0.016***	0.027***
	(7.948)	(9.904)	(6.981)	(10.734)
海关与贸易环境	0.042***	0.039***	0.033***	0.031***
	(16.368)	(14.607)	(13.633)	(15.488)
政府管理	0.183***	0.209***	0.164***	0.185***
	(29.005)	(21.265)	(18.297)	(31.126)
金融服务质量	0.162***	0.561***	0.208***	0.441***
	(−3.711)	(14.012)	(−5.690)	(11.867)
进口国农业增加值	0.749*	0.402**	0.618***	0.578**
	(1.987)	(2.637)	(13.972)	(3.068)
进口国 GDP	0.003	0.002	0.002	0.002
	(0.953)	(0.695)	(0.636)	(0.438)
进口国失业率	−0.027***	−0.031***	−0.030**	−0.038**
	(−6.357)	(8.097)	(−2.623)	(2.587)
进口国人口	0.158***	0.133***	0.141***	0.104***
	(25.092)	(31.399)	(30.019)	(36.488)

（续表）

	固定效应		随机效应	
	(1) 集约边际	(2) 扩展边际	(3) 集约边际	(4) 扩展边际
进口国国外直接投资	0.101***	0.084**	0.070***	0.052*
	(5.965)	(3.05)	(5.991)	(2.441)
空间交互				
基础设施质量	0.013**	0.002**	0.019**	0.004**
	(3.754)	(4.655)	(3.668)	(4.607)
商务信息技术效率	−0.013*	−0.018	−0.015*	−0.021
	(−1.995)	(−1.124)	(−2.005)	(−1.126)
海关与贸易环境	−0.048***	−0.040***	−0.049***	−0.42***
	(−17.979)	(−10.664)	(−18.000)	(−10.637)
政府管理	−0.013*	−0.011***	−0.015*	−0.023***
	(−2.060)	(−14.053)	(−1.992)	(−14.198)
金融服务质量	−0.123***	0.374***	−0.178***	0.461***
	(−3.729)	(14.092)	(−3.711)	(14.012)
常数项	−0.033***	3.528***	−0.032***	−6.255***
	(−13.754)	(12.950)	(−13.668)	(−27.914)
R^2	0.854	0.744	0.654	0.787
样本数	705	705	705	705

　　表7-3的结果显示，以基础设施质量、商务信息技术效率、海关与贸易环境、政府管理、金融服务质量表征的贸易便利化水平对水产品出口的集约边际均表现出正向的促进作用，且影响显著。商务信息技术效率、海关与贸易环境、政府管理、金融服务质量与水产品出口的扩展边际之间存在显著的正相关关系，但基础设施质量的影响为负。在空间影响方面，基础设施质量对集约边际和扩展边际均存在正向的促进效应，说明周边地区基础设施质量的改善会促进水产品出口集约边际和扩展边际的提升。商务信息技术效率、海关与贸易环境、政府管理存在空间弱化效应，当周边地区的上述指标上升时，会对本地的水产品出

口的集约边际和扩展边际造成冲击。金融服务质量对集约边际和扩展边际的
空间影响存在差异,与集约边际存在空间促进效应,而与扩展边际存在空间弱
化效应。即周边金融服务质量的提升将会提升本地的集约边际水平,但会降低
扩展边际水平。

表 7-3 和表 7-4 分别汇报了发达国家和发展中国家的贸易便利化水平对水
产品出口二元边际影响。

表 7-4　贸易便利化水平与二元边际:发达国家

	固定效应		随机效应	
	(1) 集约边际	(2) 扩展边际	(3) 集约边际	(4) 扩展边际
基础设施质量	0.028 9*	−0.007*	0.062*	−0.005*
	(2.054)	(−2.554)	(2.296)	(−3.149)
商务信息技术效率	0.016***	0.020***	0.014***	0.023***
	(6.756)	(8.418)	(5.934)	(9.124)
海关与贸易环境	0.036**	0.033*	0.028*	0.026*
	(2.913)	(2.416)	(2.588)	(2.165)
政府管理	0.156***	0.178***	0.139***	0.157***
	(4.654)	(8.075)	(5.552)	(6.457)
金融服务质量	0.138**	0.477*	0.177**	0.375*
	(3.154)	(1.91)	(2.837)	(2.087)
控制变量	是	是	是	是
空间交互				
基础设施质量	0.011**	0.001***	0.026*	0.003***
	(3.091)	(3.956)	(2.117)	(2.915)
商务信息技术效率	0.031	0.0153	0.023	0.011
	(1.695)	(0.955)	(1.704)	(1.157)
海关与贸易环境	−0.021***	−0.004***	−0.031***	−0.003***
	(−15.282)	(−9.064)	(−10.310)	(−9.041)

（续表）

	固定效应		随机效应	
	（1）集约边际	（2）扩展边际	（3）集约边际	（4）扩展边际
政府管理	−0.008	−0.009*	−0.012	−0.010*
	（−1.751）	（−1.945）	（−1.693）	（−2.068）
金融服务质量	−0.104**	0.317***	−0.151**	0.391***
	（−3.169）	（11.978）	（−3.154）	（11.910）
R^2	0.725	0.632	0.755	0.668
样本数	352	352	352	352

表 7-4 的统计结果显示,贸易便利化对发达国家水产品出口二元边际的影响要低于平均水平,但均保持了正向的相关关系。其中,基础设施质量和商务信息技术效率的影响下降较为明显,对水产品出口二元边际的影响可能存在空间上的结构性变化;海关与贸易环境、政府管理和金融服务质量的促进效果虽有所下降,但变化不大。在空间影响方面,贸易便利化对发达国家水产品出口二元边际的影响有明显弱化的迹象,其中商务信息技术效率和政府管理的影响不再显著,基础设施质量、海关与贸易环境、金融服务质量对水产品出口二元边际的影响与基准回归结果基本一致,总体呈现出空间负相关的态势,即周边国家在基础设施质量、海关与贸易环境、金融服务质量上的努力将拉低发达国家水产品出口二元边际的水平。

表 7-5 汇报了贸易便利化水平对发展中国家水产品出口二元边际的影响结果。

表 7-5　贸易便利化水平与二元边际:发展中国家

	固定效应		随机效应	
	（1）集约边际	（2）扩展边际	（3）集约边际	（4）扩展边际
基础设施质量	0.043***	0.011**	0.093***	0.008**
	（4.405）	（2.932）	（4.115）	（2.988）

（续表）

	固定效应		随机效应	
	（1）	（2）	（3）	（4）
	集约边际	扩展边际	集约边际	扩展边际
商务信息技术效率	0.022***	0.014***	0.019***	0.009***
	(4.835)	(5.417)	(4.261)	(5.645)
海关与贸易环境	0.058**	0.085*	0.045**	0.097*
	(3.084)	(2.246)	(3.070)	(2.311)
政府管理	0.171*	0.163*	0.154	0.142*
	(1.904)	(2.093)	(1.195)	(2.272)
金融服务质量	0.129	0.486	0.168	0.384
	(1.583)	(0.956)	(1.432)	(1.045)
控制变量	是	是	是	是
空间交互				
基础设施质量	0.017*	0.011*	0.039	0.008*
	(2.393)	(2.456)	(1.911)	(2.036)
商务信息技术效率	0.042***	0.014***	0.031***	0.009***
	(6.794)	(4.055)	(6.803)	(3.942)
海关与贸易环境	−0.034***	0.085***	−0.05***	0.097***
	(−8.517)	(5.505)	(−8.502)	(5.555)
政府管理	−0.007*	−0.024*	−0.003*	−0.025
	(−2.46)	(−2.017)	(−2.424)	(1.921)
金融服务质量	−0.113***	0.326***	−0.16***	0.4***
	(−3.486)	(13.176)	(−3.469)	(13.101)
R^2	0.689	0.664	0.717	0.768
样本数	352	352	352	352

　　表7-5的结果显示，贸易便利化对发展中国家水产品出口二元边际的影响显著性较基准回归有所降低，但均保持了正向的相关关系。值得注意的是，贸易便利化对发展中国家水产品出口二元边际的影响明显高于对发达国家的影

响,由于发达国家实施贸易便利化改进的时间较长,发展也更为成熟,因此,这可能意味着贸易便利化对水产品出口二元边际的促进作用存在边际递减的现象。其中,基础设施质量和海关与贸易环境的递减特征更为明显,商务信息技术效率、政府管理和金融服务质量的促进效果虽有所上升,但变化不大。在空间影响方面,贸易便利化对发展中国家水产品出口二元边际的影响强于对发达国家的影响,其中商务信息技术效率、海关与贸易环境、金融服务质量的影响较为显著,政府管理影响的显著性有所下降,说明周边国家在海关与贸易环境、政府管理、金融服务质量方面的提升将对本地水产品出口造成竞争,基础设施质量、商务信息技术效率的影响则相反。

7.4　本章小结

贸易便利化技术的渗透促进了效率的提升,由此产生的溢出效应使区域间的贸易成本差异不再成为建立竞争优势的主要因素,因此,贸易便利化成为了带动贸易发展的重要手段。本章首先整理了已有文献中对贸易便利化水平的测度方法,通过对比分析构建了贸易便利化评价指标体系,根据基础设施质量、商务信息技术效率、海关与贸易环境、政府管理、金融服务质量5个一级指标以及的21个相应的二级指标对中国及其141个水产品贸易伙伴国或地区的贸易便利化水平进行了测度。利用SLX空间模型进行实证分析的结果表明:

(一)测度指标体系

以基础设施质量、商务信息技术效率、海关与贸易环境、政府管理、金融服务质量表征的贸易便利化水平对水产品出口的集约边际均表现出正向的促进作用,且影响显著。

(二)发达国家

贸易便利化对发达国家水产品出口二元边际的影响要低于平均水平,但均保持了正向的相关关系。

(三)发展中国家

贸易便利化对发展中国家水产品出口二元边际的影响明显高于对发达国家的影响。由于发达国家实施贸易便利化改进的时间较长,发展也更为成熟,因此,这可能意味着贸易便利化对水产品出口二元边际的促进作用存在边际递减的现象。

8 基于二元边际的中国水产品出口增长提升建议

随着全球经济的逐渐温和复苏,国际市场需求呈现总体回升趋势,作为经济增长"发动机"的国际贸易率先企稳回暖,各国对外贸易额 2017 年较 2015 和 2016 年均呈现出明显的增长势头。特别是中国,在"一带一路"倡议的推动下,加之国内正在进行的供给侧结构性改革,2017 年对外贸易回稳向好,扭转了 2015 和 2016 年对外贸易负增长局面,全年实现对外贸易总额 277 920.9 亿元人民币,同比增长 14.2%;出口 153 318.3 亿元人民币,同比增长 10.8%;进口 124 602.6 亿元人民币,同比增长 18.7%。党的十九大报告中明确提出要"拓展对外贸易,培育贸易新业态新模式,推动贸易强国建设,形成全面开放的新格局",这将给中国对外贸易以及水产品贸易带来新的发展机遇。结合中国水产品出口二元边际相关研究结论,本章提出新时期中国水产品出口增长的提升建议。

8.1 提升扩展边际地位

中国水产品出口二元边际的结构分解结果显示,集约边际在出口增长中发挥着重要作用。长期以来,这几乎成为中国水产品出口增长的一个不争的事实。而这种增长,特别是依赖数量边际的出口增长,是一种粗放型增长,不利于水产品出口的持续、健康发展。这也在上面通过实证分析得到了验证。所以,新时期中国水产品出口要获得质的提高,必须进一步发挥扩展边际的作用。

8.1.1 拓展新兴市场,优化出口市场布局

在保持现有出口市场的前提下,抓住"一带一路"等发展契机,积极拓展有发展潜力的新兴市场,优化水产品出口的国际市场布局,才能避免中国水产品出口市场过于集中化,降低出口市场依赖性太强可能带来的出口风险。

2013年我国提出"一带一路"倡议以来,与"一带一路"沿线80多个国家和国际组织签署了合作文件,沿线国家的互联互通和经贸关系都有了巨大的改善。我国与"一带一路"国家的贸易获得了快速的发展,多边和双边水产品贸易额也增长显著,实现了互惠双赢的正和博弈。从前面对水产品贸易的讨论来看,我国水产品出口近些年的持续、稳定增长除了巩固与日本、美国、韩国和欧盟等传统贸易伙伴的贸易关系之外,增长的亮点和潜力更得益于大力发展与"一带一路"沿线国家的水产品贸易增长。

我国应以"一带一路"为纽带和桥梁,大力开拓非洲、中亚和拉美等新兴市场,以实现水产品出口国际市场布局的进一步优化。金砖国家机制自2009年运行以来,中国与巴西、俄罗斯、印度和南非四国的经贸关系和各领域合作不断加强,也给我国水产品出口带来了新的活力,推动水产品贸易实现了量价齐增。

已有的实践充分证明了拓展新兴市场对水产品出口的促进作用。这也是提高水产品出口扩展边际的最有效途径。同时,市场多元化可以规避风险,也有利于推动我国水产业的产业结构调整。所以,继续拓展新兴市场,优化国际市场布局是未来我国水产品出口的重要出路。

8.1.2 加大新产品研发力度,优化出口商品结构

中国水产品出口多年来以初级水产品为主,鲜活冷藏冻鱼一直以35%以上的比例占据水产品出口总额最大份额,而这些产品大多未经加工或者只进行简单加工,所涉及的产品种类比较单一,而且随着海洋渔业资源不断被开发,某些种类面临着少产甚至绝产的局面。所以,应不断加大水产品中新产品的研发力度,优化出口商品结构。

部分利用海洋生物资源生产的功能性药物、保健品和食品已经生产并投放市场,如海洋生物活性肽、水解鱼蛋白、甲壳素等都获得了可观的经济效益,大大提高了水产品的附加值。这充分证明了高技术含量和高附加值的水产品市场前景的广泛性和利润可观性。丰富水产品种类基础上带来的新产品的大规模生产和出口,必将提高扩展边际在出口增长中的比例和地位。

8.1.3 发展新型贸易方式,创新水产品贸易业态和模式

(一)水产品贸易方式分为一般贸易与加工贸易两种方式

加工贸易方式又可以分为来料加工和进料加工。不管是来料加工还是进

料加工,由于涉及的产业链条较短,对相关产业的自主和持续发展能力的培育作用不大,所以应该着力提高水产品一般贸易方式的比重,优化贸易方式结构。从水产品两种贸易方式 2000 年以来的比重看,2000～2007 年间加工贸易特别是深加工水产品出口比重持续快速增长,2008 年以来水产加工贸易由于受到国际水产品原料价格持续上涨、主要出口市场消费需求下降和生产成本不断增加等多重影响,连续多年呈下降的态势,截至 2017 年上半年,水产品加工贸易出口占比 24.13%,水产品贸易方式结构有所优化。

我国应该进一步通过各种扶持政策和创新补贴,鼓励水产企业自主创新,发展企业自身的核心竞争力,使水产企业能够主动提升自主发展能力,拉长产业发展链条,提高出口发展质量,从而带来水产品贸易的优化升级以及水产行业全要素生产率的提高。

(二)发展新型贸易方式有助于提升企业的外贸参与度

应着力发展市场采购贸易等新型的贸易方式,与传统的贸易方式相比,以市场采购贸易方式为代表的新型贸易方式更加有针对性和灵活便利性。市场采购贸易方式自 2013 年 4 月在浙江义乌正式试行以来,已经分三批全国 8 个试点进行了运作,各个试点外贸出口在世界经济大环境疲软的背景下仍然能够逆市增长,呈现出"井喷式"爆发,市场主体活力大大激发,周边区域和行业联动发展,更为可贵的是,这种新型贸易方式带来的制度创新、服务创新和管理创新可以辐射和推广到其他行业中去,促进整个外贸创新发展。

水产品贸易也要借鉴市场采购试点的成功经验,积极推进水产品贸易市场采购贸易方式试点并加以推广,这不仅能享受到这种新型贸易方式带来的"外贸红利",对于迅速地实现水产品产业集聚、激发中小水产企业参与国际贸易的积极性和主动性、推动内外贸易深度融合进而一体化都将起到示范性作用。

(三)创新水产品贸易模式有助于形成水产品出口新的增长点

应大力培育水产品贸易新模式。多年来我国水产品出口主要以实物贸易形式为主,而忽略了注重消费者感知和体验的服务贸易。我国水产品出口的可持续发展需要水产美食文化输出的助力。

这种水产美食文化输出的贸易模式需要政府、行业协会和企业三方的共同努力来实现:政府作为引导者,着力做好外部环境营造和政策制定,通过出台法规和政策引导,增进水产业的国际间交流;行业协会是水产美食文化输出的管理者,通过承办会展、论坛等形式搭建文化输出的平台,为企业提供人才培训和技术支持;企业作为主体,发挥主观能动性和积极性,提供项目运作的具体方案,负责品牌的培育与维护工作。通过贸易模式的创新,实现水产品出口在服务贸易功能方面的拓展,增加产品附加值和产品的多样化程度,有效提升水产品出口的扩展边际。

(四)水产品的贸易业态创新

在差异化市场战略指导下进行水产品贸易业态创新,以进一步延伸和拓展水产品产业链条。水产品出口企业应该密切关注水产品主要进口国和消费国的需求量和需求偏好的变化趋势,及时调整和优化国别水产品出口的商品结构。

举例来说,日本和美国同为我国水产品主要进口国,但是两国的水产品进口需求及偏好的变化趋势却大相径庭:日本由于"离鱼"观念的影响以及政府推行"水产基本计划",逐渐减少水产品的进口量和消费量;美国则因为国民饮食观念和习惯的变化,食品消费由"红肉"向鸡肉和水产品慢慢转变。就要针对这两个国家的水产品出口商品结构这种变化趋势作出相应调整,不能千篇一律。

贸易业态创新方面,可以尝试水产品生鲜超市、水产美食文化体验店等新业态。这些新业态与零售店、超市为代表的传统业态相比,更加注重引导需求和创造需求。例如,水产美食文化体验店可以推出水产品半制成品 DIY 服务,将水产品加工处理成可以直接烹调的半制成品再配上佐料,外国消费者购买后可以根据食谱做出跟中国本土口感类似的美食,以引导需求和创造需求的方式带动水产品出口。

水产品贸易业态和贸易模式的创新,为水产品出口带来的直接效果就是出口产品种类的增加和新产品出口数量的增加,而且还会促进整个水产品产业链的协同发展,为产业链实现整体增值积蓄能量,对于扩展边际的提升也将起到巨大的推动作用。

8.2 提高集约边际质量

通常而言,"集约边际是粗放式增长"其前提是"数量边际主导下的"。实际上,集约边际可以分解为数量边际和价格边际,而由价格边际主导的出口增长也是有益于出口的持续发展,所以提高集约边际质量是促进水产品出口的重要途径。

8.2.1 提高水产品技术含量和产品附加值

我国虽然从 2002 年就成为世界水产品出口第一大国,但是出口商品结构一直以来以初级水产品为主,水产品技术含量和附加值不高,这也使出口商的利润比较微薄,抗击价格波动的能力较弱,一旦遇上世界经济的风吹草动或者其他竞争对手的干扰,就有可能导致亏损或者破产,不利于企业的可持续经营和发展。

我国的水产业应加大新产品的研发力度,立足优势产品,不断拓展产品的精深加工,提高产品的技术含量和附加值。因此,技术含量和附加值高的产品更具有价格利润优势,促使价格边际在出口增长中发挥更重要作用,而价格边际贡献率的提高会带动集约边际向质的方向迈进,进而带来水产品出口贸易条件的改善和贸易地位的提高。

8.2.2 树立品牌意识,组建区域性企业联盟

品牌不仅是产品的视觉形象标志,更是质量和食品安全的保证。随着经济发展水平的提高,品牌观念深入人心,对消费者的消费倾向和偏好产生导向作用。

水产品也不例外。目前,我国水产品知名品牌主要有"东方海洋""獐子岛""好当家""中水渔业"和"国联水产"等上市公司品牌和浙江"蓝雪"、广东"环球"等区域龙头品牌以及北洋"佳美""张氏海鲜"等外商品牌。水产品知名品牌数量少,与它庞大的国内外市场体量相比极不相称。虽然品牌的培育过程需要大量的投入,但是它所带来的后期效应非常大,一旦被消费者认可,有助于避免行业内恶性价格竞争。

所以,水产品企业特别是中小企业要树立品牌意识,由龙头企业牵头组建区域性企业联盟,避免同构产品的恶性价格竞争,不仅有助于提高中小水产品企业的产品质量,也有助于稳定甚至提高出口产品的价格,使得价格边际的作用更能凸显出来。

8.3 降低贸易成本

我国水产品出口集约边际和扩展边际影响因素的实证分析结果表明,无论

是固定贸易成本还是可变贸易成本,也不管是只对扩展边际产生影响,还是对扩展边际和集约边际都有影响,其影响的效果都为负,即贸易成本与二元边际之间存在负相关关系。所以,降低贸易成本有助于水产品出口的提升。降低贸易成本的方式多种多样,诸如降低运费、本地化生产等,以下介绍几种新思路。

8.3.1　加快水产品贸易平台建设,降低交易成本

借鉴已有的成功贸易平台案例经验,打造专业的水产品贸易平台。跨境电商平台,如速卖通、亚马逊、eBay、Wish等综合性跨境电商零售出口平台的运营经验显示,成熟的、综合性的贸易平台可以降低贸易投入成本、缩短交易时间,减少可能的贸易风险,当然也存在信息分散、目标客户不确定等缺陷,并受到各个平台交易和支付规则的制约。因此,加快专业水产品贸易平台建设势在必行。应着力构建贸易平台在信息收集、处理、交换,价格平抑,金融,物流等方面的功能。

(一)充分发挥平台信息的储备和处理优势

借助大数据技术,使市场供需信息流通顺畅,保证市场基本需求,抑制价格波动带来的风险。

(二)利用科学方法对可能发生的市场波动进行预警

制定合理的应对预案,将贸易损失降到最低。

(三)统筹安排水产品对外贸易结构

协助开辟新的贸易市场,避免出口地区集中,进出口结构不均衡所引发的贸易摩擦。

(四)在贸易集中的地区建立水产品金融中心

为产品交易提供资金支持,同时针对交易量较大的国家和地区,提供离岸金融结算服务。

(五)提供水产品专业物流服务

通过标准化的流程设计,实现各个供应节点之间的无缝对接,提升水产品供应链的运行效率。

此外,还应考虑水产品交易平台与已有平台、中心之间的对接,例如发展碳汇渔业,促进水产品贸易平台与碳交易平台、环境保护中心的合作,实现优势互补、互惠双赢。

8.3.2　加快水产品国际营销网络建设,降低营销成本

鼓励和扶持水产企业通过在境外建设分拨中心、批发市场、展示中心、体验中心等的方式建立国际营销网络体系,助推水产企业"走出去",从而培育水产品贸易竞争新优势。

传统依靠规模扩大和价格低廉占领国外市场的贸易发展方式已不能适应当今国际贸易发展的要求,面对世界经济与贸易不断变化的形势以及其他国家同构产品竞争带来的挑战,必须以质量、品牌、技术和服务为支点为自己争取更优越的竞争地位。国际营销网络的建立恰好是这样一个平台,可以转变外贸发展方式,培育竞争新优势。

国际营销网络的构建是选择某个国家还是某个区域作为支点,以及连接这些支点的"线条"主要依靠什么功能来实现都需要水产企业经过严谨的市场调研来完成,这期间政府应该给予信息指导、补贴或者融资优惠、信贷支持等,以加快其建设的进度。

8.3.3　加快水产品外贸转型升级示范基地建设,降低贸易成本门槛

为转变我国贸易发展方式,实现由贸易大国向贸易强国的转变,从而提升对外贸易质量,2011 年由商务部牵头在全国开展了外贸转型升级示范基地的培育工作。截至 2017 年年底,全国已经有 179 个不同种类的专业型、企业型和综合型示范基地通过认定和授牌。这些示范基地中,涉及水产品的有 8 个:浙江省舟山市水海产品基地、山东省青岛市胶南市海藻制品基地、山东省威海市水海产品基地、湖北省潜江市水海产品基地、广东省湛江市水海产品基地、海南省海口市水海产品基地、辽宁省东港市水产品基地和辽宁省大连市庄河水产品基地。

水产品基地数量占全部示范基地数量的比例不到 4.5%,而且从区域分布来看,部分水产业大省至今没有示范基地上榜,这与目前水产品贸易升级创新发展的要求不相符。所以,各地水产业下一步工作重点应该放在加大培育本地区水产品外贸转型升级示范基地的建设上来,力求全国范围内形成一批能够带动本地区水产业发展升级、区域特征显著、基础设施和公共服务体系完善的示范基地,这样不但能够形成集群效应,也因为配套设施和公共服务体系的完善降低了示范基地出口企业特别是中小水产企业参与国际贸易的成本投入。

8.4 建立水产品贸易摩擦预警机制,降低贸易摩擦风险

自 2008 年全球金融危机爆发以来,各国经济发展疲软,不少国家出于保护国内产业和缓和社会矛盾的考虑,不断加大贸易保护政策和措施的实施力度。即使 2017 年各经济体经济相继企稳回暖,贸易保护主义势头也不见减弱。

水产品作为农产品的重要门类,历来深受贸易保护之苦,遭受的贸易摩擦形式也多种多样,既有反倾销、反补贴、贸易保障措施等传统的贸易保护形式,也有技术性贸易壁垒、动植物检验检疫标准等比较隐性的贸易保护方式。对于传统的贸易保护方式,我国可以通过 WTO 争端解决机制进行处理。但是一旦涉及到 TBT/SPS 方面的贸易保护方式,由于其以人类和动植物安全以及环境保护为由,隐蔽性很强,WTO 还缺乏对它们的认定和裁断,这样就会使出口商和相关企业遭受风险和损失,而且由于它们具有很强的辐射性和连锁反应,会导致破坏力更强,持续时间也更长。因此,有必要建立水产品贸易摩擦预警机制,减轻贸易摩擦风险和损失。

水产品贸易摩擦预警机制的建立可以借鉴我国及各省市的 WTO/TBT-SPS 通报咨询及预警服务平台的做法,由政府牵头,加之水产业行业协会和水产企业三方作为参与主体,建立具有信息收集、分析和反应功能的运作系统。系统中的三方要明确角色分工。

政府起主导作用,虽然海关、商检等部门能够较为系统和快速地获得信息,但是在这个系统中,它的主要分工是进行宏观调控,制定相关的法律法规。行业协会起桥梁纽带作用,它是整个系统的信息主要收集者和分析者。水产企业作为这个系统的受益人和反应者,应发挥主观能动性,积极参与系统的运作,不能只当旁观者和搭便车的一方。另外,企业要熟知 WTO 规则,面对贸易摩擦的申诉时,要积极应诉,维护自己的正当权益。

8.5 抓住供给侧结构性改革契机,促进渔业生产新旧动能转换

借助渔业供给侧结构性改革,促进渔业生产新旧动能转换,实现水产品贸

易的可持续发展。由以上的研究可以发现,中国水产品出口增长主要依靠数量增长来拉动,而这种增长模式无法实现水产品贸易的可持续增长,同时对渔业资源和环境造成了巨大的压力。

通过供给侧结构性改革,提升水产品的供给质量,运用改革手段调整水产品生产和贸易的要素供给结构,优化资源配置,大力提升远洋捕捞、工厂化养殖的技术水平,积极培育深海养殖、立体养殖等新兴养殖模式,对接海洋牧场战略规划,提高渔业从生产到贸易全价值链的全要素生产率。

从产业高度统筹规划,有重点、分步骤地合理使用资源,通过技术创新和资源整合,从源头设计和规划渔业生产和贸易发展模式的新路径,为落后产能的转型、升级或者退出提供合理渠道,同时为新兴产能的培育和发展提供必要基础。结构性改革使渔业这个传统行业焕发新的生命力,为水产品贸易争取更有利的国际分工地位。

8.6　本章小结

针对中国水产品出口二元边际研究结论提出了新时期中国水产品出口增长提升建议。

8.6.1　从提升扩展边际地位方面

拓展新兴市场,优化出口市场布局;加大新产品研发,优化出口商品结构;发展新型贸易方式,创新水产品贸易业态和模式。

8.6.2　从提高集约边际质量方面

提高水产品技术含量和产品附加值;树立品牌意识,组建区域性企业联盟。

8.6.3　从降低交易成本、营销成本等贸易成本方面

提出加快水产品贸易平台、水产品国际营销网络以及水产品外贸转型升级示范基地建设的建议。

8.6.4　建立水产品贸易摩擦预警机制

降低贸易摩擦风险。

最后，抓住供给侧结构性改革契机，促进渔业生产新旧动能转换。

9 结论

在描述中国水产品出口现状基础上,分析了中国水产品出口增长特征,对其二元边际进行了结构分解,采用核密度估计方法分析了中国水产品出口二元边际的动态分布演进,评估了不同边际及其组合的拟合效果;最后识别并实证检验了中国水产品出口二元边际影响因素。主要研究结论如下:

9.1 中国水产品出口平稳增长,但出口增长率波动较大

出口市场集中且贸易伙伴及份额较稳定;鲜活冷藏冻鱼出口占据绝对优势。由 CMS 分解结果可知:2000～2016 年大多数年份中,增长效应发挥着主要作用,不论在出口增长迅猛时期还是出口锐减阶段。市场结构效应多为负值,说明中国水产品出口市场分布的变化有些不合理,抑制了我国水产品出口的增长。

9.2 中国水产品出口世界和 21 个国家或地区的贸易增长主要依靠的是集约边际的增长

也就是说,贸易量的扩张在中国水产品出口增长中起到了关键性作用,将集约边际进一步分解为价格边际和数量边际后发现,我国水产品出口到世界贸易增长更多地依赖数量边际,出口到 21 个国家或地区究竟是更依赖价格边际还是更依赖数量边际尚无定论,不同国家有着不同的情况:

东盟、巴西等发展中国家,主要贡献者就是数量边际,而且我国对这些国家的价格边际数值均大于 1,表明我国出口到发展中国家的水产品平均价格高于世界水产品市场平均价格,我国水产品在对发展中国家的出口中处于优势地位。

日本、美国、欧盟等发达国家,集约边际的主要贡献者没有普遍规律,唯有

价格边际有共同的总体上行趋势。

9.3 对比中国水产品出口额、数量和价格

在 2000~2016 年期间的核密度分布,可以得到数量对水产品出口额增长发挥更为重要作用的结论。对 2000 年、2009 年和 2016 年中国水产品出口占 21 个国家或地区市场份额、扩展边际、数量边际和价格边际进行核密度估计的结果显示,我国水产品出口的市场份额和价格边际不断增加,数量边际在经历了迅速增加后趋于稳定,扩展边际相对比较稳定,前后变化不大。

不同边际及其组合的单、双因素模拟结果表明,各个边际的单因素拟合效果都不理想;不同区间段的双因素模拟结果则证实了价格—数量边际联合作用对中国水产品出口市场份额的变动起到关键性作用。

9.4 运用 PVAR 模型分析二元边际对中国水产品出口增长影响

实证结果表明:仅有数量边际的一阶差分对出口额增长率的变动具有显著影响,数量边际的变化与水产品出口额增长率的变化呈负相关关系,说明由数量边际带来的出口增长是边际递减的,依靠数量边际来拉动水产品出口增长是不可持续的。

9.5 中国水产品出口集约边际和扩展边际的主要影响因素

集约边际的主要影响因素有:出口目的地国家的经济规模、可变贸易成本、生产率水平、技术性贸易壁垒、外部冲击和自由贸易协定。实证结果表明,经济规模、生产率水平和自贸协定对集约边际产生正向影响,剩下的因素对集约边际的影响为负。

扩展边际的主要影响因素有:出口目的地国家的经济规模、可变贸易成本、固定贸易成本、工人工资水平、技术性贸易壁垒、外部冲击和自由贸易协定。实

证结果表明,经济规模和技术性贸易壁垒对扩展边际产生正向影响,其他因素对扩展边际的影响为负。

9.6 新时期基于二元边际的中国水产品出口增长

提升可从以下几方面入手。

首先,提升扩展边际地位方面建议。

拓展新兴市场,优化出口市场布局;加大新产品研发,优化出口商品结构;发展新型贸易方式,创新水产品贸易业态和模式。

其次,提高集约边际质量方面建议。

提高水产品技术含量和产品附加值;树立品牌意识,组建区域性企业联盟。

第三,从降低贸易成本方面建议。

提出加快水产品贸易平台、水产品国际营销网络以及水产品外贸转型升级示范基地建设的建议。

第四,建立水产品贸易摩擦预警机制,降低贸易摩擦风险。

第五,抓住供给侧改革契机,促进渔业生产新旧动能转换。

参考文献

[1] 黄远浙,钟昌标,张梦婷. 水产品出口贸易研究综述[J]. 阅江学刊,2015
(6):58-63.

[2] 张玫,霍增辉,易法海. 世界水产品贸易的特征及对我国的启示[J]. 国际贸
易问题,2007(6):34-38.

[3] 邵桂兰,程云. 对中国水产品出口的几点思考[J]. 国际贸易问题,2005
(08):31-34.

[4] 周井娟,林坚. 中国水产品出口增长的源泉分析[J]. 国际贸易问题,2008
(9):14-18.

[5] 耿晔强. 中国对日本水产品出口的动态增长:基于 CMS 模型的实证分析
[J]. 中国农村经济,2010(7):19-27.

[6] 董永虹,汪浩瀚,单佳平. 发展中国与东盟水产品贸易研究[J]. 农业经济与
管理,2007(1):17-21.

[7] 杨莲娜. 中国水产品对欧盟出口波动影响因素分析[J]. 农业经济问题,
2011,32(6):103-109.

[8] 李超. 中俄水产品贸易的影响因素研究[D]. 东北林业大学,2015.

[9] 刘依阳,孙琛. 中国对日本水产品出口贸易波动因素分析[J]. 黑龙江农业
科学,2011(10):60-64.

[10] 邢程程,张广胜. 中韩 FTA 对我国对韩水产品出口贸易流量的影响——
基于贸易引力模型的模拟分析[J]. 农业经济,2010(6):85-87.

[11] 侯敏. 中美水产品比较优势与贸易互补性分析[J]. 中国海洋大学学报(社
会科学版),2013(4):18-25.

[12] 段媛媛. 中国虾产品国际贸易结构和竞争力研究[D]. 中国海洋大学,
2009.

[13] 于千钧,慕永通,刘希全,等. 中国海水贝类进出口贸易变动趋势研究[J].
中国渔业经济,2014,32(6):88-95.

[14] 孙琛,张黄花. 中国冻鱼片出口欧盟市场影响因素的实证分析[J]. 农业技

术经济,2010(8):123-127.

[15] 张玫,霍增辉,易法海. 中国水产品出口贸易结构的现状及其优化对策[J]. 世界农业,2006(11):34-36.

[16] 耿献辉,张晓恒,卢凌霄. 我国水产品出口影响因素与潜力分析[J]. 农业经济与管理,2012(6):65-70.

[17] 胡求光,霍学喜. 中国水产品出口贸易影响因素与发展潜力——基于引力模型的分析[J]. 农业技术经济,2008(3):100-105.

[18] 于会国,慕永通,余云军. 中国主要出口水产品面临的技术性贸易壁垒分析[J]. 世界农业,2006(9):5-7.

[19] 叶刘刚,白福臣,尹萌. 关税对水产品贸易量的影响——基于引力模型的实证研究[J]. 中国渔业经济,2014,32(4):82-88.

[20] 孙琛. 加入 WTO 对我国水产品国际贸易的影响及后过渡期的相应对策[J]. 农业经济问题,2005(9):54-57.

[21] 钱学锋. 企业异质性、贸易成本与中国出口增长的二元边际[J]. 管理世界,2008(9):48-56.

[22] 马凌远. 中国出口增长二元边际的再测算——基于不同生产要素密集型产品贸易的视角[J]. 国际商务:对外经济贸易大学学报,2016(3):44-53.

[23] 宗毅君. 本地市场效应与出口增长二元边际——基于中国 1996～2009 年制造行业面板数据的实证研究[J]. 浙江社会科学,2011(11):25-31.

[24] 陆晓翔. 中国高新技术产品出口增长的二元边际及其影响因素研究[D]. 南京大学,2015.

[25] 袁德胜,朱小明,曹亮. 中国农产品出口增长的二元边际——基于引力模型的实证研究[J]. 宏观经济研究,2014(7):43-50.

[26] 应晖,蒋琴儿. 浙江农产品出口贸易边际增长结构分析[J]. 浙江农业科学,2013,1(10):1237-1240.

[27] 耿献辉,张晓恒,周应恒. 中国农产品出口二元边际结构及影响因素[J]. 中国农村经济,2014(5):36-50.

[28] 李文霞,杨逢珉,周华凯. 中国农产品出口马来西亚的二元边际分析[J]. 经济问题探索,2015(8):170-178.

[29] Chaney T. Distorted Gravity: The Intensive and Extensive Margins of International Trade[J]. American Economic Review, 2008, 98(4):1707-1721.

[30] Hummels D, Klenow P J. The Variety and Quality of a Nation's Exports [J]. American Economic Review, 2005, 95(3):704-723.

[31] 施炳展. 中国出口增长的三元边际[J]. 经济学季刊,2010,9(3):1311-1330.

[32] 王昱雯. 基于目的地视角的我国出口贸易二元边际研究[D]. 东南大学, 2015.

[33] 张杰,吴润生,杨连星. 中国出口增长的二元边际分解与区域差异[J]. 数量经济技术经济研究,2013(10):3-18.

[34] Amurgopacheco A, Pierola M D. Patterns of Export Diversification in Developing Countries: Intensive and Extensive Margins[J]. Policy Research Working Paper, 2008.

[35] Melitz M J. The Impact of Trade on Intra-Industry Reallocations and Aggregate Industry Productivity[J]. Econometrica, 2002, 71(6):1695-1725.

[36] Bernard A B, Schott P K. The margins of US trade[J]. Social Science Electronic Publishing, 2009, 99(2):487-493.

[37] Helpman E, Melitz M, Rubinstein Y. Estimating Trade Flows: Trading Partners and Trading Volumes[J]. Quarterly Journal of Economics, 2008, 123(2):441-487.

[38] Chaney T. Distorted Gravity: The Intensive and Extensive Margins of International Trade[J]. American Economic Review, 2008, 98(4):1707-1721.

[39] 徐若霖,程宝栋,万璐. 中国木质林产品出口的二元边际分析[J]. 林业经济评论,2015(1):67-72.

[40] Brenton P, Newfarmer R. Watching More than the Discovery Channel: Export Cycles and Diversification in Development[J]. Policy Research Working Paper, 2007:1-32.

[41] Paul Krugman. Scale Economies, Product Differentiation, and the Pattern of Trade[J]. The American Economic Review, 1980, 70(5):950-959.

[42] Melitz M J. International Trade and Macroeconomic Dynamics with Heterogenous Firms[J]. Quarterly Journal of Economics, 2004, 120(3):

865-915.

[43] 万璐,王颖. 贸易增长二元边际的演化与检验:一个文献综述[J]. 国际经贸探索,2012,28(5):48-58.

[44] 郑霞. 贸易增长的二元边际研究文献综述[J]. 对外经贸,2013(11):43-45.

[45] Melitz M J. The Impact of Trade on Intra-Industry Reallocations and Aggregate Industry Productivity[J]. Econometrica, 2002, 71(6):1695-1725.

[46] 陈勇兵,陈宇媚. 贸易增长的二元边际:一个文献综述[J]. 国际贸易问题,2011(9):160-168.

[47] Bernard A B, Jensen J B. Why Some Firms Export[J]. Review of Economics & Statistics, 2004, 86(2):561-569.

[48] Brenton P, Newfarmer R. Watching More than the Discovery Channel: Export Cycles and Diversification in Development[J]. Policy Research Working Paper, 2007:1-32.

[49] Helpman E, Melitz M, Rubinstein Y. Estimating Trade Flows: Trading Partners and Trading Volumes[J]. Quarterly Journal of Economics, 2008, 123(2):441-487.

[50] Amurgopacheco, Pierola. Patterns of Export Diversification in Developing Countries: Intensive and Extensive Margins[J]. Policy Research Working Paper, 2008.

[51] Freund C L. The Anatomy of China's Export Growth[J]. Social Science Electronic Publishing, 2010, 199(5):1-29.

[52] Alessandria G, Choi H. Do Sunk Costs of Exporting Matter for Net Export Dynamics? [J]. Quarterly Journal of Economics, 2007, 122(1):289-336.

[53] 钱学锋. 企业异质性、贸易成本与中国出口增长的二元边际[J]. 管理世界,2008(9):48-56.

[54] 施炳展,李坤望. 中国靠什么实现了对美国出口的迅速增长——基于产品广度产品价格和产品数量的分解[J]. 世界经济研究,2009(4):32-37.

[55] 钱学锋,熊平. 中国出口增长的二元边际及其因素决定[J]. 经济研究,2010(1):65-79.

[56] 施炳展. 中国出口增长的三元边际[J]. 经济学季刊,2010,9(3):1311-

1330.

[57] 马涛,刘仕国. 产品内分工下中国进口结构与增长的二元边际——基于引力模型的动态面板数据分析[J]. 南开经济研究,2010(4):92-109.

[58] 陈勇兵,陈宇媚,周世民. 贸易成本、企业出口动态与出口增长的二元边际——基于中国出口企业微观数据:2000—2005[J]. 经济学季刊,2012,11(3):1477-1502.

[59] 范爱军,刘馨遥. 中国机电产品出口增长的二元边际[J]. 世界经济研究,2012(5):36-42.

[60] 盛斌,吕越. 对中国出口二元边际的再测算:基于2001—2010年中国微观贸易数据[J]. 国际贸易问题,2014(11):25-36.

[61] Hummels D, Klenow P J. The Variety and Quality of a Nation's Exports [J]. American Economic Review, 2005, 95(3):704-723.

[62] Kehoe T J, Ruhl K J. How Important Is the New Goods Margin in International Trade? [J]. Journal of Political Economy, 2013, 121(2):358-392.

[63] Eaton J, Kortum S, Kramarz F. Dissecting Trade:Firms, Industries, and Export Destinations[J]. American Economic Review, 2004,94(2):150-154.

[64] Eaton J, Eslava M, Kugler M, et al. The Margins of Entry into Export Markets:Evidence from Colombia[J]. 2007.

[65] Lawless M. Deconstructing gravity: trade costs and extensive and intensive margins [J]. Canadian Journal of Economics/revue Canadienne Déconomique, 2010, 43(4):1149-1172.

[66] Kancs D. Trade Growth in a Heterogeneous Firm Model:Evidence from South Eastern Europe[J]. World Economy, 2007, 30(7):1139-1169.

[67] 宗毅君. 出口二元边际对竞争优势的影响——基于中美1992~2009年微观贸易数据的实证研究[J]. 国际经贸探索,2012,28(1):24-33.

[68] 杨逢珉,翟慧娟. 中国农产品出口欧盟市场的增长因素研究——基于CMS模型的实证分析[J]. 世界农业,2014(11):1-7.

[69] Hummels D, Klenow P J. The Variety and Quality of a Nation's Exports [J]. American Economic Review, 2005, 95(3):704-723.

[70] Eaton, Kortum, Kramarz. An Anatomy of International Trade:Evi-

dence from French Firms. Econometrica, 2011, 79(5):1453-1498.

[71] 宗毅君. 出口二元边际对竞争优势的影响——基于中美 1992~2009 年微观贸易数据的实证研究[J]. 国际经贸探索,2012,28(1):24-33.

[72] Chaney T. The Gravity Equation in International Trade: An Explanation [J]. Review of World Economics, 2013, 142(1):92-121.

[73] 钱学锋,熊平. 中国出口增长的二元边际及其因素决定[J]. 经济研究,2010(1):65-79.

[74] Chaney T. Distorted Gravity: The Intensive and Extensive Margins of International Trade[J]. American Economic Review, 2008, 98(4):1707-1721.

[75] Anderson J E, Wincoop E V. Trade Costs[J]. Journal of Economic Literature, 2004, 42(3):691-751.

[76] 许德友,梁琦,张文武. 中国对外贸易成本的测度方法与决定因素——一个基于面板数据的衡量[J]. 世界经济文汇,2010(6):1-13.

[77] 夏先良. 论国际贸易成本[J]. 财贸经济,2011(9):71-79.

[78] 李世兰. 中国出口扩张路径模式:二元边际视角的分析与实证[D]. 浙江大学,2011.

[79] 钱学锋. 企业异质性、贸易成本与中国出口增长的二元边际[J]. 管理世界,2008(9):48-56.

[80] 姚娜. 贸易成本与出口扩展边际:中国的实证检验[D]. 辽宁大学,2013.

[81] Bernard A B, Eaton J, Jensen J B, et al. Plants and productivity in international trade.[J]. American Economic Review, 2003, 93(4):1268-1290.

[82] Melitz M J. The Impact of Trade on Intra-Industry Reallocations and Aggregate Industry Productivity[J]. Econometrica, 2003, 71(6):1695-1725.

[83] Bernard A B, Jensen J B. Why Some Firms Export[J]. Review of Economics & Statistics, 2004, 86(2):561-569.

[84] Bergin P, Lin C Y. Exchange Rate Regimes and the Extensive Margin of Trade[C]. NBER International Seminar on Macroeconomics 2008.

[85] Auray S, Eyquem A, Hamiache G, et al. Nash Bargaining, Money Creation, and Currency Union[J]. Annals of Economics & Finance, 2008, 9 (9):253-292.

[86] 陈勇兵,付浪,汪婷,等. 区域贸易协定与出口的二元边际:基于中国—东盟自贸区的微观数据分析[J]. 国际商务研究,2015(2):21-34.

[87] 张琳. 中国东盟自由贸易区框架下贸易增长的二元边际分析[D]. 南开大学,2010.

[88] Dixit A K, Stiglitz J E. Monopolistic Competition and Optimum Product Diversity: Reply[J]. American Economic Review, 1977, 67(5):961-963.

[89] Paul Krugman. Scale Economies, Product Differentiation, and the Pattern of Trade[J]. The American Economic Review, 1980, 70(5):950-959.

[90] Paul Krugman. Increasing Returns, Monopolistic Competition, and International Trade[J]. Journal of International Economics, 1979, 9(4):469-479.

[91] Melitz M J. International Trade and Heterogeneous Firms[J]. 2008, 36(26):30-31.

[92] Melitz M J. The Impact of Trade on Intra-Industry Reallocations and Aggregate Industry Productivity[J]. Econometrica, 2003, 71(6):1695-1725.

[93] Novy D. Trade Costs and the Open Macroeconomy[J]. Scandinavian Journal of Economics, 2006, 112(778):514-545.

[94] Novy D. Is the Iceberg Melting Less Quickly? International Trade Costs after World War II[J]. Ssrn Electronic Journal, 2006.

[95] Tyszynski H. World Trade in Manufactured Commodities, 1899-1950 1[J]. Manchester School, 1951, 19(3):272-304.

[96] Leamer, Stern. Constant-market-share analysis of export growth[J]. Quantitative International Economics, 1970:171-183.

[97] Jepma C J. Extensions and application possibilities of the constant market shares analysis. The case of the developing countries' export[J]. University of Groningen, 1986.

[98] 帅传敏,程国强. 中国农产品国际竞争力的估计[J]. 管理世界,2003(1):97-104.

[99] 朱亚平. 2015 年全国水产品进出口贸易概况[J]. 中国水产,2016,38(5):45-47.

[100] Feenstra R C. New Product Varieties and the Measurement of International Prices[J]. American Economic Review, 1994, 84(1):157-177.

[101] Hummels D, Klenow P J. The Variety and Quality of a Nation's Exports[J]. American Economic Review, 2005, 95(3):704-723.

[102] Ruppert D, Cline D B H. Bias Reduction in Kernel Density Estimation by Smoothed Empirical Transformations [J]. Annals of Statistics, 1994, 22(1):185-210.

[103] Silverman. Density Estimation for Statistics and Data Analysis[M]. Chapman & Hall/CRC, 1986.

[104] Lilliefors H. On the Kolmogorov-Smirnov Test for Normality with Mean and Variance Unknown[J]. Publications of the American Statistical Association, 1967, 62(318):399-402.

[105] Roberts M J, Tybout J R. The Decision to Export in Colombia: An Empirical Model of Entry with Sunk Costs[J]. American Economic Review, 1997, 87(4):545-564.

[106] Kugler M, Verhoogen E A. Product Quality at the Plant Level: Plant Size, Exports, Output Prices and Input Prices in Colombia[J]. Working Papers, 2008, 36(3):1265-1266.

[107] Holtz-Eakin D, Newey W, Rosen H S. Estimating Vector Autoregressions with Panel Data[J]. Econometrica, 1988, 56(6):1371-1395.

[108] Arellano M, Bond S. Some Tests of Specification for Panel Data: Monte Carlo Evidence and an Application to Employment Equations[J]. Review of Economic Studies, 1991, 58(2):277-297.

[109] Arellano M, Bover O. Another look at the instrumental variable estimation of error-components models [J]. Journal of Econometrics, 2004, 68(1):29-51.

[110] Blundell R, Bond S. Initial conditions and moment restrictions in dynamic panel data models[J]. Journal of Econometrics, 1998, 87(1):115-143.

[111] Gilchrist S, Himmelberg C P. Evidence on the role of cash flow for investment[J]. Journal of Monetary Economics, 1995, 36(3):541-572.

[112] Paul Krugman. Scale Economies, Product Differentiation, and the Pat-

tern of Trade[J]. The American Economic Review, 1980, 70(5):950-959.

[113] Chaney T. Distorted Gravity: The Intensive and Extensive Margins of International Trade[J]. American Economic Review, 2008, 98(4): 1707-1721.

[114] Anderson J E, Wincoop E V. Trade Costs[J]. Journal of Economic Literature, 2004, 42(3):691-751.

[115] Novy D. International trade without CES: Estimating translog gravity [J]. Journal of International Economics, 2013, 89(2):271-282.

[116] Novy D. Gravity Redux: Measuring International Trade Costs with Panel Data[C], University of Warwick, Department of Economics, 2008:101-121(21).

[117] Simon J. Evenett, Keller W. On Theories Explaining the Success of the Gravity Equation[J].Journal of Political Economy, 2002, 110(2):281-316.

[118] Head K, Mayer T. The Empirics of Agglomeration and Trade[M]// Handbook of Regional and Urban Economics. Elsevier B.V. 2004:2609-2669.

[119] Kancs D. Trade Growth in a Heterogeneous Firm Model: Evidence from South Eastern Europe[J]. World Economy, 2007, 30(7):1139-1169.

[120] 钱学锋. 企业异质性、贸易成本与中国出口增长的二元边际[J]. 管理世界,2008(9):48-56.

[121] 胡建雄. 本轮逆全球化和贸易保护主义兴起的经济逻辑研究[J]. 经济体制改革,2017(6):19-26.

[122] 王宏. 工资增长、地区分布与劳动生产率的影响因素[J]. 改革,2014(2):28-39.

[123] 郎金焕. 外部冲击与中国经济波动:基于对外贸易视角的研究[D]. 浙江大学,2013.

[124] 李成,刘生福. 外部冲击对我国经济的影响加剧了吗——基于亚洲金融危机和次贷危机后经济波动的比较[J]. 经济学家,2013(1):30-37.

[125] 中国 WTO/TBT-SPS 通报咨询网 http://www.tbt-sps.gov.cn/

[126] 蒋建业,汪定伟. 基于壁垒系数的技术性贸易壁垒的定量测算方法[J]. 中国经济与管理科学,2008(5):112-113.

[127] 蔡玉平,陈扬. 当前中国对外投资整体思路的评估与分析[J]. 河南社会科学,2017,25(2):30-37.

[128] 李子奈,潘文卿. 计量经济学[M]. 北京:高等教育出版社,2010:115-131

[129] 王江,王壮. 中国出口贸易的第三国效应研究——基于"一带一路"沿线国家空间面板数据[J]. 价格月刊,2018,卷缺失(7):32-38.

[130] Hummels D, Klenow P J. The Variety and Quality of a Nation's Exports[J]. American Economic Review, 2005, 95(3):704-723.

[131] 高远东,宫梦瑶. 出口贸易外溢效应与转型期中国经济增长——基于空间计量模型的实证研究[J]. 国际经贸探索,2019,35(6):4-16.

[132] 高志刚,宋亚东. "一带"背景下贸易便利化水平对中国出口贸易的空间效应[J]. 贵州社会科学,2018,卷缺失(7):100-108.

后 记

改革开放以来,中国渔业的发展举世瞩目,水产品总量居世界首位,水产品贸易也成为我国出口创汇,提升渔民收入的一个主要手段。但近年来,水产品贸易的增长受到了诸多不确定性因素的影响。在这些影响因素中,既有水产品行业结构调整、出口商品种类优化等来自内部的因素,也有贸易保护主义抬头,贸易霸凌行为增多等来自外部的因素。本书从二元边际的视角分析了我国水产品出口的结构特征和动力来源,并探讨了外生因素对我国水产品出口二元边际的影响,希望能为从事相关领域研究的学者专家提供一点帮助。

本书的完稿凝聚了很多人的心血。作为本书作者,王圣主要承担了部分章节框架的构建,计量模型构建以及第八章的撰写工作,任肖嫦承担了本书的整体构思以及其他章节的撰写工作。此外,本书在写作过程中也得到了许多老师、同事和朋友的帮助。首先要感谢中国海洋大学经济学院的邵桂兰教授在本书撰写和修改过程中提供的无私帮助。在研究方法的使用和学术观点的提炼方面,邵老师为本书提供了大量宝贵的建议。诚挚感谢中国海洋大学经济学院戴桂林教授。在本书的写作过程中也得到了戴老师的大力支持,包括提纲的修订以及一些细节问题的处理。感谢陈雄强博士和夏金梅博士对本书提出的宝贵意见。感谢王玲玲博士在数据和文献搜集方面提供的帮助和支持。还有许多老师和同学在本书的写作和出版过程中提供了帮助和建议,由于无法一一列出,在此一并致以谢意。

水产品贸易是一种跨学科的研究领域,需要许多学科专业知识的支撑,受到作者以及主要研究人员专业领域与能力的限制,书中一定会存在不少问题和不足之处,希望从事这一领域的专家、学者以及广大读者批评指正。

任肖嫦 王 圣

2020 年 5 月 8 日